Viwan Szymborska

# Wisława **SZYMBORSKA**

## 100 + 1 wiersz

# Вислава **ШИМБОРСКАЯ**

## 100 + 1 стихотворение

*в переводах Елены Катишонок*

БОСТОН · **2025** · BOSTON

**Вислава Шимборская.** 100+1 стихотворение
*в переводах Елены Катишонок*

**Wisława Szymborska.** 100+1 Poems
*translated by Elena Katishonok*

Оригиналы стихотворений печатаются по изданию:
Wisława Szymborska: Wiersze wszystkie
Wydawnictwo Znak, Kraków 2023

ISBN 978-1960533685

Published by M·Graphics | Boston, MA

⬚ www.mgraphics-books.com
✉ mgraphics.books@gmail.com

*On the cover:*
"Snow Tree Reflection". Photograph by E. Palagashvili © 2008

• Elena Katishonok photo: *Wikipedia.com*
• Wisława Szymborska photo: *Wikimedia Commons* /used under
  GNU Free Documentation License
• Wisława Szymborska autograph: *Wikimedia Commons* /from private
  collection of Jacek Proszyk and used under CC-BY-SA-4.0 license

Printed in the USA / Отпечатано в США

*Выражаю сердечную благодарность моему польскому другу Эльжбете Тышковской-Каспшак — не только за то, что она навсегда заразила меня любовью к поэзии Виславы Шимборской, но и за её неоценимую помощь и постоянную поддержку в процессе создания этой книги.*

**Елена Катишонок**

# ЯРМАРКА ЧУДЕС

*О поэзии Виславы Шимборской*

**ВИСЛАВА ШИМБОРСКАЯ** (*Wisława Szymborska*), 1923–2012 — польская поэтесса, лауреат Нобелевской премии 1996 года. Её детство и часть юности прошли в промежутке между двумя Мировыми войнами. Полонистику и социологию изучала в Кракове, в Ягеллонском университете.

Всю жизнь В. Шимборская посвятила литературе — стихам, эссе, переводам французской поэзии. «Поэты только и делают, что ищут слова» — это её высказывание относится в первую очередь к ней самой. Шимборская всегда находила нужные — лаконичные, точные, часто ироничные. Первое стихотворение так и называется: «Ищу слова».

Вислава Шимборская прожила долгую и очень насыщенную творческую жизнь, в течение которой было издано 13 сборников стихов. В числе наград — литературная премия Гёте (1991), через несколько лет — премия Гердера; в 1996 — награда Польского ПЕН-клуба и Нобелевская премия. Её стихи переведены более чем на сорок языков. В 2011 году поэтесса получила высшую государственную награду Польши — Орден Белого Орла.

В чём притягательность поэзии Шимборской? Её стихи, при их кажущейся простоте, едва ли не наивности, отличаются необычно глубоким видением. Так умеют смотреть только дети, не успевшие повзрослеть и утратить свойственную детству мудрость. Это взгляд Поэта на мир — и умение описать себя, своего лирического героя, глазами мира, встретившего его взгляд, единственными, точно найденными, словами. Жизнь как ярмарка чудес, где каждый новый день — отдельное и неповторимое чудо. Стихи как маленькие философские трактаты с неожиданными парадоксами.

Именно эта особенность отмечена формулировкой Нобелевского комитета при вручении премии: «за поэзию, которая с предельной точностью описывает исторические и биологические явления в контексте человеческой реальности». Лирический герой Виславы Шимборской может вести диалог с немым собеседником («Молчание растений», «Из несостоявшегося путешествия в Гималаи»), наблюдать социум, частью которого является, но при этом всё же остаться самим собой, как «В реке Гераклита». Читая, ловишь себя на мысли, что и древняя Иудея, и раскопанная Троя гораздо ближе к нам, сегодняшним, чем могло бы показаться. И кто я сам, спрашивает себя герой, ведь внезапно хочется понять, являешься ли ты экспериментатором или же объектом чужого эксперимента.

В этом и заключается магия гениальных стихов — читатель обнаруживает себя на месте героя, поддерживая внешне абсурдный диалог «На Вавилонской башне», отпуская лететь воздушный шарик, вертясь с боку на бок в четыре утра, листая семейный альбом, просыпаясь с мокрым от слёз лицом, потому что снились умершие любимые. И ту малышку, которая тянет скатерть в другой квартире, в другое время и в другой стране — да, я знаю её, как знают многие и многие другие.

Интимная лирика — и стойкие протестные строки о войне. О любой войне, вчерашней, сегодняшней или той, которая разбудит нас завтра. О любой войне, будь то Первая Мировая, от ужасов которой можно забыться только в бесконечном танце под саксофон, о трагедии Второй, где поезда уносят в смерть миллионы жертв, о войне во Вьетнаме…

За мнимой внешней бесхитростностью — философские рассуждения о мире вокруг нас и о других мирах, досягаемых только поэтическим воображением. Поэт щедро наделяет этим даром воображения дерево, звезду, камень, черепаху, стебель травы. Радость и горе, плач и смех, трагедия и фарс в стихах Шимборской неотделимы друг от друга. Как и в жизни.

Нобелевский комитет назвал Шимборскую «Моцартом поэзии». В стихах — удивление огромностью и богатством мира и в то же время изумление от того, насколько он тесен. Удивление — одно из её ключевых слов:

> Я могла быть собой, но без удивления —
> это бы означало,
> что я вовсе не я.
>
> *«Из множества»*

В Нобелевской лекции Виславы Шимборской, лаконичной, как и её стихи, останавливают слова — они звучат как предупреждение: «...всякое знание, которое не порождает очередных вопросов, очень быстро умирает... В самых крайних случаях — чему есть примеры и в древней, и в новейшей истории — оно даже может стать смертельно опасным для общества. Поэтому я так высоко ценю два коротких слова: «не знаю». Маленьких, но всемогущих. Открывающих для нас пространства, которые спрятаны в нас самих, и пространства, в которых затеряна наша крошечная Земля. Если бы Исаак Ньютон не сказал себе «не знаю», яблоки в его саду могли бы сыпаться градом у него на глазах, а он бы в лучшем случае подбирал их и с аппетитом съедал».

...Одна итальянская газета назвала В. Шимборскую «Гретой Гарбо мировой поэзии». Мне бы хотелось добавить: Гретой Гарбо, которая улыбается. Это улыбка очень мудрого и доброго человека, который умеет посмеяться и над собой. В одном из интервью я нашла её подтверждающее высказывание: «...написание сти-

хов — это, в определённом смысле, акт эксгибициониз-
ма. Но у меня это, скажем так, эксгибиционизм с долей
самоиронии».

Её считали излишне скромной, называли затворни-
цей из-за нелюбви к многолюдным сборищам. Об этом
прекрасно сказано в стихотворении «Немного о душе»:

> Она прихотлива:
> не любит, когда мы толпимся
> и спорим о прежних заслугах,
> и трещим деловито.

Ибо «поэзия рождается в молчании», уверена
Шимборская. Да, «В начале было Слово», но мы
не знаем, как долго длилось молчание, в итоге которо-
го Слово родилось.

В одном из интервью её спросили: почему вы так
мало пишете? Ответ последовал совершенно «шимбор-
ский»: «Просто у меня в доме есть мусорное ведро».

*Елена Катишонок*

# Spis treści      Содержание

Z tomiku
*Sto pociech*

Из сборника
*Сто утех*

Z tomiku
*Wszelki wypadek*

Из сборника
*Всякий случай*

Z tomiku
*Wielka liczba*

Из сборника
*Большое число*

Z tomiku
*Ludzie na moście*

Из сборника
*Люди на мосту*

## SPIS TREŚCI СОДЕРЖАНИЕ

## POWRÓT ŻALU

Nie rozpoznać mi tego lasu,
nie szukać znaku po niebie.
Niebo i las ściegami salw
na śmierć zeszyto.

Ziemio niczyja: twoja i moja.
Obłoku co przemijasz.
Myśli ostatnia, której nie wiem.
Salwo nie usłyszana.
. . . . . . .
Chwilą błahszą niż pył,
bez przeczuć (wina i kara)
przeżyłam cię—nie wybaczaj—
jak dziecko we śnie. Jak owad.

Podwójne życie: życie i ty.
Podwójna śmierć: śmierć i ja.
Podwójna pustka: ty—twój syn,
którego nigdy nie urodzę.

## ВОЗВРАЩЕНИЕ ПЕЧАЛИ

Не узнать мне ту рощу,
не искать знак на небе.
Небо с рощей стежками залпов
намертво сшиты.

Земля ничья — твоя и моя,
облако пропускаешь.
Последняя мысль, которой не знаю.
Залп, что не был услышан.
. . . . . . .
Минуту банальнее пыли,
без предчувствий вины и кары,
пережила тебя (не прощай мне),
как дитя во сне. Как букашка.

Жизнь двойная: жизнь — и ты.
Смерть двойная: смерть и я.
Пустота двойная: ты — и твой сын,
которого не рожу я.

## CZARNA PIOSENKA

Saksofonista przeciągły, saksofonista kpiarz
ma własny system świata, nie potrzebuje słów.
Przyszłość—któż ją odgadnie. Przeszłości pewien—któż.
Myśli zmrużyć i grać czarną piosenkę.

Tańczono twarzą przy twarzy. Tańczono. Nagle ktoś
upadł.
Głową o parkiet, w takt. Omijano go w rytmie.
Nie widział kolan nad sobą. Powieki świtały blade,
wyjęte z ciśnienia wrzawy i nocy dziwnych kolorów.

Nie tragizujmy. On żyje. Może za dużo pił
i krew na skroni to szminka? Tutaj nie stało się nic.
To jest zwyczajny leżący. Sam upadł i wstanie sam,
skoro już przeżył tę wojnę. Tańczono w słodkiej
ciasnocie,
wentylatory mieszały żywioł upalny i chłodny,
saksofon zawodził psio do różowego lampionu.

## ЧЁРНАЯ ПЕСНЯ

Саксофонист — виртуоз, саксофонист-шапито —
со своею вселенной, что не требует слов.
Кто о будущем знает? В прошлом уверен — кто?
Осталось играть зажмурившись чёрную песню.

В танце, щека к щеке. В танце. Вдруг кто-то
упал
в пол головою, в такт. Обошли его в ритме.
Он не видел ног над собою. Лишь веки бледнели,
не ощущая напора шума и красок ночи.

Не паникуем: жив он. Может быть, перепил,
и кровь на виске — губная помада? Всё в порядке.
Он просто лежит. Сам упал и поднимется сам,
если уж пережил эту войну. Томная близость
танца,
вентилятор месил стихии жара и холода,
саксофон выл пёсье соло розовому лампиону.

# Noc

*I rzekł Bóg: Weźmij syna twego jednorodzonego,*
*którego miłujesz, Izaaka, a idź z nim do ziemi*
*Moria i tam go ofiarujesz na całopalenie*
*na jednej z gór, którą tobie wskażę.*

Co takiego zrobił Izaak,
proszę księdza katechety?
Może piłką wybił szybę u sąsiada?
Może rozdarł nowe spodnie,
gdy przechodził przez sztachety?
Kradł ołówki?
Płoszył kury?
Podpowiadał?

Niech dorośli
leżą sobie w głupim śnie,
ja tej nocy
muszę czuwać aż do rana.
Ta noc milczy,
ale milczy przeciw mnie
i jest czarna
jak gorliwość Abrahama.

Gdzie się skryję,
gdy biblijne oko boże
spocznie na mnie
jak spoczęło na Izaaku?
Stare dzieje
Bóg, gdy zechce, wskrzesić może.
Więc naciągam koc na głowę
w mrozie strachu.

# Ночь

*И сказал Бог: возьми сына твоего единородного,
которого ты любишь, Исаака, и пойди с ним в
землю Мориа, и там принеси его во всесожжение
на одной из гор, о которой я скажу тебе.*

Что Исаак такого сделал —
у ксендза спросить мне надо.
Может, он разбил мячом стекло соседа?
Может быть, штаны порвал он,
когда лез через ограду?
Кур гонял?
Чернила пролил?
Крал конфеты?

Все уснули
и лежат в бездумном сне,
этой ночью
я зари дождусь упрямо.
Ночь молчит —
она молчит, враждебна мне,
и черна,
как и готовность Авраама.

Где мне скрыться
от всевидящего ока,
если взглянет
на меня, как на Исаака?
Все проказы
Бог откроет, и в тревоге
в одеяле с головой
дрожу от страха.

Coś niebawem
zabieleje przed oknami,
ptakiem, wiatrem
po pokoju zaszumi.
Ale przecież nie ma ptaków
z tak wielkimi skrzydłami,
ani wiatru
w takiej długiej koszuli.

Pan Bóg uda,
że wefrunął przypadkiem,
że to wcale a wcale nie tutaj,
a potem weźmie ojca
do kuchni na konszachty,
z dużej trąby mu w uszy zadmucha.

A gdy jutro skoro świt
ojciec w drogę mnie zabierze,
pójdę, pójdę,
pociemniała z nienawiści.
W żadną dobroć, w żadną miłość
nie uwierzę,
bezbronniejsza
od listopadowych liści.
Ani ufać,
nic niewarte jest ufanie.
Ani kochać,
żywe serce nosić w piersiach.
Gdy się stanie, co się stać ma,
gdy się stanie,
bić mi będzie grzyb suszony
zamiast serca.

Что-то белое за окнами клубится,
птицей, ветром
прямо в комнату ворвётся.
Но таких огромных крыльев
нет у птицы,
а за ветром
длинный шлейф рубашки вьётся.

Скажет Бог,
что заглянул случайно,
что в другое место собирался,
а потом с отцом на кухне
потихоньку сговорится,
из трубы ему задует в уши.

И отец чуть только свет
уведёт меня с собою,
и пойду, пойду за ним я,
мрачная от ненависти.
Ни в добро и ни в любовь я
не поверю,
я слабее,
чем ноябрьские листья.
Ни доверья —
ничему не стоит верить, —
Ни любви нет,
хоть в груди живое сердце.
Будь что будет, будь где будет
то что будет —
станет биться гриб сушёный
вместо сердца.

Czeka Pan Bóg
i z balkonu chmur spoziera,
czy się ładnie, czy się równo
stos zapali
i zobaczy,
jak na przekór się umiera,
bo ja umrę,
nie pozwolę się ocalić!


Od tej nocy
ponad miarę złego snu,
od tej nocy
ponad miarę samotności,
zaczął Pan Bóg
pomalutku
dzień po dniu
przeprowadzkę
z dosłowności
do przenośni.

*1956*

Ждёт Господь,
с балкона тучи наблюдает:
ровно ль занялся костёр,
горит ли пламя,
и увидит,
как упрямцы умирают –
ибо я умру,
спасти себя не дам я!


С этой ночи
и с мучительного сна,
с этой ночи
в одиночестве безмерном
Господь Бог стал
понемножку
день от дня
уходить
от безусловности
в химеры.

## HANIA

Widzicie, to jest Hania, służąca dobra.
A to nie są patelnie, to są aureole.
A ten rycerz ze smokiem to jest święty obraz.
A ten smok to jest marność na tym łez padole.

A to żadne korale, to Hani różaniec.
A to buty z nosami startymi od klęczeń.
A to jej chustka czarna jak nocne czuwanie,
kiedy z wieży kościoła pierwszy dzwon zadźwięczy.

Ona widziała diabła, kurz ścierając z lustra:
Był siny, proszę księdza, w takie żółte prążki
i spojrzał tak szkaradnie, i wykrzywił usta,
i co będzie, jeżeli wpisał mnie do książki?

Więc ona da na bractwo i da na mszę świętą,
i zakupi serduszko ze srebrnym płomieniem.
Odkąd nową plebanię budować zaczęto,
od razu wszystkie diabły podskoczyły w cenie.

Wielki to koszt wywodzić duszę z pokuszenia,
a tu już starość idzie i kość kością stuka.
Hania jest taka chuda, tak bardzo nic nie ma,
że zabłądzi w bezmiarze Igielnego Ucha.

Maju, oddaj kolory, bądź jak grudzień bury.
Gałązko ulistniona, ty się wstydź za siebie.
Słońce, żałuj, że świecisz. Biczujcie się, chmury.
Wiosno, owiń się śniegiem, a zakwitniesz w niebie!

Nie słyszałam jej śmiechu, płaczu nie słyszałam.
Wyuczona pokory, nic od życia nie chce.
Towarzyszy jej w drodze cień — żałoba ciała,
a chustka postrzępiona ujada na wietrze.

*1956*

# Ханя

Знакомьтесь: вот Ханя, служанка на совесть.
Это не сковородки — это ореолы.
А тот рыцарь с драконом — святая повесть,
а дракон — символ тщетного в слёз юдоли.

А то вовсе не бусы, то Ханины чётки.
А туфли истёрты от долгих молений.
А платок, как полночное бдение, чёрный,
в ожидании благовеста в воскресенье.

Она видела дьявола, пыль вытирая:
смотрел так ужасно и рот кривил гадко,
он таился, пан ксёндз, у зеркала края;
и что если вписал он меня в тетрадку?

На храм она жертвует, на святую мессу,
купит ладанку с сердцем носить на теле.
Но с тех пор как начали стройку на месте,
то на дьяволов сразу цены взлетели.

Очень дорого стоит спасать свою душу,
а старость в дверях, и ноют все кости.
Ханя просто заблудится в игольном ушке —
так она исхудала, истаяла плотью.

Май, поблёкни и стань, как декабрь, мрачен.
Пышная ветка, как тебе стыдно не было?
Солнце, не свети, кайся. Облака, спрячьтесь.
Кутайся в снег, весна, а зацветёшь на небе.

Я не слышала ни её плача, ни смеха.
Вечно покорна, она жизненных благ не хотела.
Только тень ей сопутствует — траур по телу,
а ветхий платок огрызается злому ветру.

## NIC DWA RAZY

Nic dwa razy się nie zdarza
i nie zdarzy. Z tej przyczyny
zrodziliśmy się bez wprawy
i pomrzemy bez rutyny.

Choćbyśmy uczniami byli
najtępszymi w szkole świata,
nie będziemy repetować
żadnej zimy ani lata.

Żaden dzień się nie powtórzy,
nie ma dwóch podobnych nocy,
dwóch tych samych pocałunków,
dwóch jednakich spojrzeń w oczy.

Wczoraj, kiedy twoje imię
ktoś wymówił przy mnie głośno,
tak mi było, jakby róża
przez otwarte wpadła okno.

Dziś, kiedy jesteśmy razem,
odwróciłam twarz ku ścianie.
Róża? Jak wygląda róża?
Czy to kwiat? A może kamień?

Czemu ty się, zła godzino,
z niepotrzebnym mieszasz lękiem?
Jesteś — a więc musisz minąć.
Miniesz — a więc to jest piękne.

Uśmiechnięci, wpółobjęci
spróbujemy szukać zgody,
choć różnimy się od siebie
jak dwie krople czystej wody.

*1955*

28

## Ничто дважды

Ничего не будет дважды,
ничего не повторится:
мы родились лишь однажды
и умрём без репетиции.

Если б даже в школе жизни
были мы совсем тупицы,
на второй год всё равно нас
не оставили б учиться.

Повториться день не может,
не найти две равных ночи,
поцелуев двух похожих
и двух взглядов прямо в очи.

Кто-то звал тебя недавно,
твоё имя прозвучало —
это было, словно роза
вдруг в окно моё упала.

Хоть сегодня мы и вместе,
в пол упёрлась я глазами,
и цветок, что мнился розой,
оказался просто камнем.

Злое время, почему ты
страх с собой приносишь вечно?
Час пробьёт, за ним минута,
минешь ты — и я беспечна.

Вполобъятья, улыбаясь,
мы спешим договориться,
друг от друга отличаясь,
как воды две капли чистой.

## BUFFO

Najpierw minie nasza miłość,
potem sto i dwieście lat,
potem znów będziemy razem:

komediantka i komediant,
ulubieńcy publiczności,
odegrają nas w teatrze.

Mała farsa z kupletami,
trochę tańca, dużo śmiechu,
trafny rys obyczajowy
i oklaski.

Będziesz śmieszny nieodparcie
na tej scenie, z tą zazdrością,
w tym krawacie.

Moja głowa zawrócona,
moje serce i korona,
głupie serce pękające
i korona spadająca.

Będziemy się spotykali,
rozstawali, śmiech na sali,
siedem rzek, siedem gór
między sobą obmyślali.

I jakby nam było mało
rzeczywistych klęsk i cierpień
— dobijemy się słowami.

## БУФФОНАДА

Первой наша страсть минует,
после — сто и двести лет,
после снова будем вместе:

лицедей и лицедейка,
зрительские фавориты —
так сыграют нас в театре.

Фарс коротенький, куплеты,
чуть-чуть танца, много смеха,
несколько известных фактов
и овации.

Ты смешон, конечно, будешь
с этой ревностью на сцене,
а уж галстук…

Голова моя кружится,
сердце бешено стучится,
щемит сердце, и корона
с сердцем падает синхронно.

Наши встречи, расставанья,
ссоры (в зале гоготанье),
то что было и что сплыло
обсуждали с пониманьем.

Словно нам досталось мало
в жизни горя и страданий,
мы сражаемся словами.

A potem się pokłonimy
i to będzie farsy kres.
Spektatorzy pójdą spać
ubawiwszy się do łez.

Oni będą ślicznie żyli,
oni miłość obłaskawią,
tygrys będzie jadł z ich ręki.

A my wiecznie jacyś tacy,
a my w czapkach z dzwoneczkami,
w ich dzwonienie barbarzyńsko
zasłuchani.

*1956*

Мы поклонимся на сцене —
фарс окончится. Финал.
Утирая слёзы смеха,
зрители покинут зал.

Они будут жить красиво,
укротят любовь, и тигр
будет есть у них с ладони.

А мы вечно будем нами,
в капюшонах с бубенцами,
зачарованы дикарским
их бряцаньем.

## DROBNE OGŁOSZENIA

KTOKOLWIEK wie, gdzie się podziewa
współczucie (wyobraźnia serca)
— niech daje znać! niech daje znać!
Na cały głos niech o tym śpiewa
i tańczy jakby stracił rozum
weseląc się pod wątłą brzozą,
której wciąż zbiera się na płacz.

UCZĘ milczenia
we wszystkich językach
metodą wpatrywania się
w gwiaździste niebo,
żuchwy sinanthropusa,
skok pasikonika,
paznokcie noworodka,
plankton,
płatek śniegu.

PRZYWRACAM do miłości.
Uwaga! Okazja!
Na zeszłorocznej trawie
w słońcu aż po gardła
leżycie, a wiatr tańczy
(zeszłoroczny ten
wodzirej waszych włosów).
Oferty pod: Sen.

POTRZEBNA osoba
do opłakiwania
starców, którzy w przytułkach
umierają. Proszę
kandydować bez metryk
i pisemnych zgłoszeń.
Papiery będą darte
bez pokwitowania.

## КОРОТКИЕ ОБЪЯВЛЕНИЯ

ЛЮБОЙ, кто знает, куда пропало
сочувствие (фантазия сердца),
— отзовитесь! отзовитесь!
Спойте на полную мощь вокала,
спляшите танец дурацкий,
обняв берёзу по-братски —
пока она не расхныкалась.

УЧУ молчанию
на всех языках
методом созерцания
звёздного неба,
челюсти синантропа,
прыжка кузнечика,
ногтей новорождённого,
планктона,
снежинки.

ВОЗВРАЩАЮ любовь.
Не упустите!
Вы лежите на прошлогодней
траве, залитой солнцем,
а ветер пляшет
(тот, прошлогодний,
что волосы вам ерошил).
Предложения в рубрике «Сон».

ТРЕБУЮТСЯ
плакальщики для траура
по старикам, которые
умирают в приютах.
Обращаться без паспорта
и письменных заявлений.
Документы будут разорваны
без уведомления.

ZA OBIETNICE męża mego,
który was zwodził kolorami
ludnego świata, gwarem jego,
piosenką u okna, psem zza ściany:
że nigdy nie będziecie sami
w mroku i w ciszy i bez tchu
— odpowiadać nie mogę.
Noc, wdowa po Dniu.

*1957*

ЗА ОБЕЩАНИЯ моего мужа,
что прельстил вас цветами
и музыкой мира снаружи —
песней, гомоном, лаем –
так, что вы не останетесь сами
во тьме, в тиши и без вздоха,
— я не отвечаю.
Ночь, вдова Дня.

\* \* \*

Historia nierychliwa
na trąbkach mi przygrywa.
Miasto, w którym mieszkałam,
Jerycho się nazywa.

Osuwają się ze mnie,
tra ta ta, mur za murem.
Stoję naga zupełnie
pod powietrza mundurem.

Grajcie, trąbki, a składnie,
grajcie z całą kapelą.
Już tylko skóra spadnie
i kości mnie wybielą.

* * *

История неторопливо
шлёт мне вслед переливы
труб, где остался город,
Иерихон мой милый.

Только ветер и рокот
за нагою спиною
там, где падает город
стена за стеною.

Громче, трубы, взревите!
Грянь, оркестр, со всей мочи!
Кожу с мясом сдерите,
чтоб остались лишь мощи.

## JESZCZE

W zaplombowanych wagonach
jadą krajem imiona,
a dokąd tak jechać będą,
a czy kiedy wysiędą,
nie pytajcie, nie powiem, nie wiem.

Imię Natan bije pięścią w ścianę,
imię Izaak śpiewa obłąkane,
imię Sara wody woła dla imienia
Aaron, które umiera z pragnienia.

Nie skacz w biegu, imię Dawida.
Tyś jest imię skazujące na klęskę,
nie dawane nikomu, bez domu,
do noszenia w tym kraju zbyt ciężkie.

Syn niech imię słowiańskie ma,
bo tu liczą włosy na głowie,
bo tu dzielą dobro od zła
wedle imion i kroju powiek.

Nie skacz w biegu. Syn będzie Lech.
Nie skacz w biegu. Jeszcze nie pora.
Nie skacz. Noc się rozlega jak śmiech
i przedrzeźnia kół stukanie na torach.

Chmura z ludzi nad krajem szła,
z dużej chmury mały deszcz, jedna łza,
mały deszcz, jedna łza, suchy czas.
Tory wiodą w czarny las.

Tak to, tak, stuka koło. Las bez polan.
Tak to, tak. Lasem jedzie transport wołań.
Tak to, tak. Obudzona w nocy słyszę
tak to, tak, łomotanie ciszy w ciszę.

*1956*

# Ещё

В вагонах под пломбами
имена утрамбованы.
А куда их везут,
где они сойдут,
не спрашивай: не скажу — не знаю.


Имя Натан в стену ломится рьяно,
имя Исаак хихикает странно,
имя Сара просит водицы
для имени Аарон, что жаждой томится.


На ходу не прыгай, имя Давида:
в этой стране твоя песенка спета,
ты без дома и слишком весомо —
здесь судьба твоя незавидна.


Сыну нужно славянское имя,
если кудри на голове,
если зло от добра отличают
по именам и разрезу век.


На ходу не прыгай. Сын будет Лех.
На ходу не прыгай, ещё не время. Не прыгай.
Ночь разливается, будто смех,
передразнивая колёса на стыках.


Туча с людьми плыла над страной,
брызнула дождиком, одной слезой,
капля, слеза, и снова сухо.
Рельсы — в лес, где черно и глухо.


Так-это-так, стук колёс, без просвета лес.
Так-это-так, крики сквозь грохот рельс.
Так-это-так… В ночи просыпаясь, слышу:
так-это-так, стук в тишине всё тише.

## MARTWA NATURA
## Z BALONIKIEM

Zamiast powrotu wspomnień
w czasie umierania
zamawiam sobie powrót
pogubionych rzeczy.

Oknami, drzwiami parasole,
walizka, rękawiczki, płaszcz,
żebym mogła powiedzieć:
Na co mi to wszystko.

Agrafki, grzebień ten i tamten,
róża z bibuły, sznurek, nóż,
żebym mogła powiedzieć:
Niczego mi nie żal.

Gdziekolwiek jesteś, kluczu,
staraj się przybyć w porę,
żebym mogła powiedzieć:
Rdza, mój drogi, rdza.

Spadnie chmura zaświadczeń,
przepustek i ankiet,
żebym mogła powiedzieć:
Słoneczko zachodzi.

Zegarku, wypłyń z rzeki,
pozwól się wziąć do ręki,
żebym mogła powiedzieć:
Udajesz godzinę.

# НАТЮРМОРТ
## С ВОЗДУШНЫМ ШАРИКОМ

Вместо воспоминаний
перед кончиной
я хочу, чтоб вернулись
пропавшие вещи.

В окна и двери — зонтики,
плащ, саквояж, перчатки,
чтоб я сказала:
зачем мне всё это?

Булавки, ножик, расчёски,
тесёмка, бумажная роза,
чтоб я сказала:
ничего мне не жалко.

Где бы ты, ключ, ни валялся,
главное — не опаздывай,
чтоб я сказала:
ржавеешь, голубчик.

Туча бумаг повиснет,
анкет, пропусков и расписок,
чтоб я сказала:
солнце заходит.

Часы, из реки выплывайте,
дайте мне взять вас в руку,
чтоб я сказала:
всё так же врёте.

Znajdzie się też balonik
porwany przez wiatr,
żebym mogła powiedzieć:
Tutaj nie ma dzieci.

Odfruń w otwarte okno,
odfruń w szeroki świat,
niech ktoś zawoła: O!
żebym zapłakać mogła.

*1956*

Найдётся и шарик,
сорванный ветром,
чтоб я сказала:
детей здесь нету.

Лети, окно ведь открыто,
лети по всему свету,
пусть кто-то воскликнет: — О!
— чтоб я могла заплакать.

## Z NIEODBYTEJ
## WYPRAWY W HIMALAJE

Aha, więc to są Himalaje.
Góry w biegu na księżyc.
Chwila startu utrwalona
na rozprutym nagle niebie.
Pustynia chmur przebita.
Uderzenie w nic.
Echo — biała niemowa.
Cisza.

Yeti, niżej jest środa,
abecadło, chleb
i dwa a dwa to cztery
i topnieje śnieg.
Jest czerwone jabłuszko
przekrojone na krzyż.

Yeti, nie tylko zbrodnie
są u nas możliwe.
Yeti, nie wszystkie słowa
skazują na śmierć.

Dziedziczymy nadzieję —
dar zapominania.
Zobaczysz, jak rodzimy
dzieci na ruinach.

Yeti, Szekspira mamy.
Yeti, na skrzypcach gramy.
Yeti, o zmroku
zapalamy światło.

## ИЗ НЕСОСТОЯВШЕГОСЯ
## ПУТЕШЕСТВИЯ В ГИМАЛАИ

Ага, вот и Гималаи.
Горы, к луне бегущие.
Время старта указано
на разорванном небе.
Пустыня туч пронзена.
Удар в пустоту.
Эхо, немое и белое.
Тишь.

Йети, внизу есть вторник,
азбука, хлеб
и два плюс два четыре,
и снег тает.
Есть красное яблоко,
разрезанное крест-накрест.

Йети, у нас происходят
не только злодейства.
Йети, не все слова
осуждают на смерть.

Нам досталась надежда –
дар забвения.
Ты увидишь, как мы рождаем
детей на руинах.

Йети, мы Шекспира читаем.
Йети, мы на скрипках играем.
Йети, в сумерках
мы свет зажигаем.

Tu—ni księżyc, ni ziemia
i łzy zamarzają.
O Yeti Półtwardowski,
zastanów się, wróć!

Tak w czterech ścianach lawin
wołam do Yeti
przytupując dla rozgrzewki
na śniegu
na wiecznym.

*1957*

Здесь ни луна, ни земля,
и замерзают слёзы.
О Йети Полутвардовский,
постой, вернись!

Так в четырёх стенах лавин
взываю я к Йети,
топая, чтобы согреться,
по снегу
по вечному.

## CZWARTA NAD RANEM

Godzina z nocy na dzień.
Godzina z boku na bok.
Godzina dla trzydziestoletnich.

Godzina uprzątnięta pod kogutów pianie.
Godzina kiedy ziemia zapiera się nas.
Godzina kiedy wieje od wygasłych gwiazd.
Godzina a czy-po-nas-nic-nie-pozostanie.

Godzina pusta.
Głucha, czcza.
Dno wszystkich innych godzin.

Nikomu nie jest dobrze o czwartej nad ranem.
Jeśli mrówkom jest dobrze o czwartej nad ranem
— pogratulujmy mrówkom. I niech przyjdzie piąta
o ile mamy dalej żyć.

*1957*

## ЧЕТЫРЕ ЧАСА УТРА

Час между ночью и днём.
Час с боку на бок.
Час для тридцатилетних.

Час, забронированный петухами.
Час, когда нас земля отторгает.
Час, когда звёзды, вздохнув, погасают.
Час «что-останется-после-нас-с-вами».

Час пустоты,
глухоты, тщеты.
Час на дне под другими.

Никому хорошо не бывает в четыре утра.
Коль муравьям хорошо в четыре утра,
муравьёв мы поздравим. И пусть пять наступит,
чтоб могли мы жить дальше.

## OBMYŚLAM ŚWIAT

Obmyślam świat, wydanie drugie,
wydanie drugie, poprawione
idiotom na śmiech,
melancholikom na płacz,
łysym na grzebień,
psom na buty.

Oto rozdział:
Mowa Zwierząt i Roślin,
gdzie przy każdym gatunku
masz słownik odnośny.
Nawet proste dzień dobry
wymienione z rybą
ciebie, rybę i wszystkich
przy życiu umocni.

Ta dawno przeczuwana,
nagle w jawie słów
improwizacja lasu!
Ta epika sów!
Te aforyzmy jeża
układane, gdy
jesteśmy przekonani,
że nic, tylko śpi!

Czas (rozdział drugi)
ma prawo do wtrącania się
we wszystko czy to złe, czy dobre.
Jednakże—ten, co kruszy góry,
oceany przesuwa i który
obecny jest przy gwiazd krążeniu,
nie będzie mieć najmniejszej władzy
nad kochankami, bo zbyt nadzy,

## ОСМЫСЛИВАЮ МИР

Осмысливаю мир, издание второе,
исправленное:
идиотам смех,
унылым слёзы,
расчёска лысым,
псам ботинки.

Вот и глава:
Речь зверей и растений,
где для каждого нужен
словарик отдельный.
Даже просто «день добрый»,
обращённое к рыбе,
и тебя подбодрит,
и рыбу, и прочих.

Импровизация леса,
явленная силой слов!
столь долгожданная
эпика сов!
Афоризмы ежа,
слагаемые, пока
мы их принимали
за сопение во сне!

Время (глава вторая):
вмешаться может повсеместно
во всё — и в доброе, и в злое.
Однако тот, кто ломит горы,
моря тасует и который
следит ход звёзд на небосклоне,
бессилен в мире двух влюблённых,
нагим объятием сплетённых,

bo zbyt objęci, z nastroszoną
duszą jak wróblem na ramieniu.

Starość to tylko morał
przy życiu zbrodniarza.
Ach, więc wszyscy są młodzi!
Cierpienie (rozdział trzeci)
ciała nie znieważa.
Śmierć,
kiedy śpisz, przychodzi.

A śnić będziesz,
że wcale nie trzeba oddychać,
że cisza bez oddechu
to niezła muzyka,
jesteś mały jak iskra
i gaśniesz do taktu.

Śmierć tylko taka. Bólu więcej
miałeś trzymając różę w ręce
i większe czułeś przerażenie
widząc, że płatek spadł na ziemię.

Świat tylko taki. Tylko tak
żyć. I umierać tylko tyle.
A wszystko inne — jest jak Bach
chwilowo grany
na pile.

*1957*

и с настороженной и чуткой
душой, как птаха на ладони.

Старость — мораль всего лишь
при жизни злодея.
Да ведь они все молоды!
Страдание (глава третья)
не унижает тела.
Смерть,
когда спишь, приходит.

Тебе приснится,
что вовсе дышать не надо,
что тишина без дыхания –
милая музыка,
а ты маленькой искрой
в такт угасаешь.

Смерть только такая. Больнее
от розы в руке, и сильнее
в сердце тревога забьётся,
когда лепесток оборвётся.

Мир только такой. Только так
жить. И умирать так только.
А всё остальное — как Бах,
только что на пиле
исполненный.

## MUZEUM

Są talerze, ale nie ma apetytu.
Są obrączki, ale nie ma wzajemności
od co najmniej trzystu lat.

Jest wachlarz — gdzie rumieńce?
Są miecze — gdzie gniew?
I lutnia ani brzęknie o szarej godzinie.

Z braku wieczności zgromadzono
dziesięć tysięcy starych rzeczy.
Omszały woźny drzemie słodko
zwiesiwszy wąsy nad gablotką.

Metale, glina, piórko ptasie
cichutko tryumfują w czasie.
Chichocze tylko szpilka po śmieszce z Egiptu.

Korona przeczekała głowę.
Przegrała dłoń do rękawicy.
Zwyciężył prawy but nad nogą.

Co do mnie, żyję, proszę wierzyć.
Mój wyścig z suknią nadal trwa.
A jaki ona upór ma!
A jak by ona chciała przeżyć!

*1958*

## Музей

Есть тарелки, но нет аппетита.
Есть обручальные кольца, но нет взаимности
самое малое триста лет.

Есть веер, но где же румянец?
Есть мечи — где же гнев?
И лютня в сумерках не играет.

Вместо вечности нагромоздили
десять тысяч старых вещей.
Древний сторож дремлет невинно,
свесив ус над самой витриной.

Железо, птичьи перья, глина
ликуют потихоньку чинно;
хохочет только шпилька кокетки из Египта.

Пережила корона голову,
перчатка победила руку,
и ногу одолел сапог.

А я жива ещё, и платья
со мной помчались в марафон.
Как напряжённо длится он,
и как хочу их обогнать я!

## CHWILA W TROI

Małe dziewczynki
chude i bez wiary,
że piegi znikną z policzków,

nie zwracające niczyjej uwagi,
chodzące po powiekach świata,

podobne do tatusia albo do mamusi,
szczerze tym przerażone,

znad talerza,
znad książki,
sprzed lustra
porywane bywają do Troi.

W wielkich szatniach okamgnienia
przeobrażają się w piękne Heleny.

Wstępują po królewskich schodach
w szumie podziwu i długiego trenu.

Czują się lekkie. Wiedzą, że
piękność to wypoczynek,
że mowa sensu ust nabiera,
a gesty rzeźbią się same
w odniechceniu natchnionym.

Twarzyczki ich
warte odprawy posłów
dumnie sterczą na szyjach
godnych oblężenia.

## МИНУТА В ТРОЕ

Девочки,
худенькие и не верящие,
что веснушки исчезнут,

бродят по ве́кам мира,
не привлекая внимания,

похожие на папу или на маму,
а потому удручённые,

от тарелки,
от книжки,
от зеркала
бывают похищены в Трою.

Где в гардеробных в тот же момент
преобразятся в прекрасных Елен.

И взойдут по дворцовым ступеням
в шуме восторга и длинного шлейфа.

Им легко. Они знают,
что красота — это отдых,
что речь от уст обретает смысл,
а жесты рождаются сами,
вдохновенно свободны.

Их личики
вскинуты гордо на шеях,
достойных осады,
и сто́ят отзыва послов.

Bruneci z filmów,
bracia koleżanek,
nauczyciel rysunków,
ach, polegną wszyscy.

Małe dziewczynki
z wieży uśmiechów
patrzą na katastrofę.

Małe dziewczynki
ręce załamują
w upajającym obrzędzie obłudy.

Małe dziewczynki
na tle spustoszenia
w diademie płonącego miasta
z kolczykami lamentu powszechnego w uszach.

Blade i bez jednej łzy.
Syte widoku. Tryumfalne.
Zasmucone tym tylko,
że trzeba powrócić.

Małe dziewczynki
powracające.

*1960*

Брюнеты из фильмов,
братья подружек,
учитель истории—
ах, все полягут.

Девочки
улыбаются с высоты,
глядя на катастрофу.

Девочки
воздевают руки
в пьянящем обряде притворства.

Девочки
на фоне разгрома,
в диадеме горящего города,
в серьгах из повального плача и скорби.

Бледные, без единой слезинки,
они рады. Ликуют.
Лишь одно омрачает:
ведь надо вернуться.

Девочки
возвращаются.

## RESZTA

Ofelia odśpiewała szalone piosenki
i wybiegła ze sceny zaniepokojona,
czy suknia nie pomięła się, czy na ramiona
spływały włosy tak, jak trzeba.

Na domiar prawdziwego, brwi z czarnej rozpaczy
zmywa i — jak rodzona Poloniusza córka —
liście wyjęte z włosów liczy dla pewności.
Ofelio, mnie i tobie niech Dania przebaczy:
zginę w skrzydłach, przeżyję w praktycznych pazurkach.
Non omnis moriar z miłości.

*1959*

## Остаток

Офелия допела безумные песенки
и убежала со сцены, взволнованная:
и не помялось ли платье и ровными ль волнами
волосы по плечам струятся.

Как назло, смыла брови в полном отчаянии
и — верная дочь Полония — листья считает,
которыми волосы были украшены.
Офелия, пусть простит нас с тобою Дания:
крылья утратив, я жизнь удержу когтями.
Non omnis moriar от страсти.

## CLOCHARD

W Paryżu, w dzień poranny aż do zmierzchu,
w Paryżu jak
w Paryżu, który
(o święta naiwności opisu, wspomóż mnie!)
w ogrodzie koło kamiennej katedry
(nie zbudowano jej, o nie,
zagrano ją na lutni)
zasnął w sarkofagowej pozie
clochard, mnich świecki, wyrzeczeniec.

Jeżeli nawet miał coś — to utracił,
a utraciwszy, nie pragnie odzyskać.
Należy mu się jeszcze żołd za podbój Galii –
przebolał, już nie stoi o to.
Nie zapłacono mu w piętnastym wieku
za pozowanie do lewego łotra –
zapomniał, przestał czekać już.

Zarabia na czerwone wino
strzyżeniem okolicznych psów.
Śpi z miną wynalazcy snów
do słońca wyroiwszy brodę.

Odkamieniają się szare chimery
(fruwale, niżły, małpierze i ćmięta,
grzaby, znienacki, głowy samonogie,
wieloractwo, gotyckie allegro vivace)

i przyglądaja mu się z ciekawością,
jakiej nie mają dla nikogo z nas,
roztropny Piotrze,
czynny Michale,
zaradna Ewo,
Barbaro, Klaro.

*1959*

## КЛОШАР

В Париже, от рассвета до потёмок,
В Париже, как
В Париже, где…
(о простота святая описанья, помоги мне!),
в саду вблизи каменного собора
(его не строили, о нет —
на лютне наиграли)
заснул, улёгшись как для саркофага
клошар — мирской монах, отшельник.

Если имел хоть что-то, всё утратил
и не стремится возвратить потерю.
Ему должны ещё за войны Галлии,
но это его больше не волнует;
художнику пятнадцатого века
он был натурой для злодея слева,
но денег не дождался и не ждёт уж.

На красное вино хватает —
стрижёт окрестных псов.
Спит с миной автора всех снов,
с торчащей к солнцу бородою.

А в темноте химеры оживают
(головоногие и полуобезьяны
крылатые, ползучие — вся нечисть,
готическое allegro vivace)

и с любопытством на него глазеют,
как не глядят ни на кого из нас:
благоразумный Пётр,
чинный Михал,
ловкая Ева,
Барбара, Клара.

## SŁÓWKA

—*La Pologne? La Pologne?* Tam strasznie zimno, prawda?—spytała mnie i odetchnęła z ulgą. Bo porobiło się tych krajów tyle, że najpewniejszy jest w rozmowie klimat.
—O pani—chcę jej odpowiedzieć—poeci mego kraju piszą w rękawicach. Nie twierdzę, że ich wcale nie zdejmują; jeżeli księżyc przygrzeje, to tak. W strofach złożonych z gromkich pohukiwań, bo tylko to przedziera się przez ryk wichury, śpiewają prosty byt pasterzy fok. Klasycy ryją soplem atramentu na przytupanych zaspach. Reszta, dekadenci, płaczą nad losem gwiazdkami ze śniegu. Kto chce się topić, musi mieć siekierę do zrobienia przerębli. O pani, o moja droga pani.
Tak chcę jej odpowiedzieć. Ale zapomniałam, jak będzie foka po francusku. Nie jestem pewna sopla i przerębli.
—*La Pologne? La Pologne?* Tam strasznie zimno, prawda?
—*Pas du tout*—odpowiadam lodowato.

*1961*

## Слова

—*La Pologne? La Pologne?* Там страшный холод, правда?—Спросив, она вздохнула с облегченьем. Так много развелось на свете стран, что главной темой стал в беседе климат.

—О да, мадам,—я ей хочу ответить,—поэты наши в рукавицах пишут. Не то что никогда их не снимают, а только если вдруг луна пригреет. В слагаемых из громких воплей строфах, чтоб завыванье бурь перекричать, жизнь воспевают пастухов тюленей. Классики буровят чернильными сосульками сугробы. Все прочие, а также декаденты, слезами снежными рыдают над судьбою. Кто хочет утопиться, добывает топор, чтоб сделать прорубь. О, мадам…

Так я хочу ответить. Но забыла, как на французском правильно «тюлени»; к тому же не уверена, как «прорубь», «сосульки»…

—*La Pologne? La Pologne?* Там страшный холод, правда?

—*Pas du tout*,—ледяным бросаю тоном.

## Przypowieść

Rybacy wyłowili z głębiny butelkę. Był w niej papier, a na nim takie były słowa: „Ludzie, ratujcie! Jestem tu. Ocean mnie wyrzucił na bezludną wyspę. Stoję na brzegu i czekam pomocy. Spieszcie się. Jestem tu!".
— Brakuje daty. Pewnie już za późno. Butelka mogła długo pływać w morzu — powiedział rybak pierwszy.
— I miejsce nie zostało oznaczone. Nawet ocean nie wiadomo który — powiedział rybak drugi.
— Ani za późno, ani za daleko. Wszędzie jest wyspa Tu — powiedział rybak trzeci.
Zrobiło się nieswojo, zapadło milczenie. Prawdy ogólne mają to do siebie.

*1961*

## Притча

Рыбаки выловили в море бутылку. Внутри была бумага, а на ней слова: «Люди, спасите! Я здесь. Океан выбросил меня на безлюдный остров. Стою на берегу и жду помощи. Спешите. Я здесь!»

— Числа нет. Наверное, уже поздно. Бутылка могла плавать долго, — сказал первый рыбак.

— И место не обозначено. Даже неведомо какой океан, — сказал второй рыбак.

— И не поздно, и не далеко, — сказал третий рыбак. — Везде есть остров Здесь.

Стало неловко, повисло молчание. Так бывает с общими истинами.

## BALLADA

To ballada o zabitej,
która nagle z krzesła wstała.

Ułożona w dobrej wierze,
napisana na papierze.

Przy nie zasłoniętym oknie,
w świetle lampy rzecz się miała.

Każdy, kto chciał, widzieć mógł.

Kiedy się zamknęły drzwi,
i zabójca zbiegł ze schodów,
ona wstała tak jak żywi
nagłą ciszą obudzeni.

Ona wstała, rusza głową
i twardymi jak z pierścionka
oczami patrzy po kątach.

Nie unosi się w powietrzu,
ale po zwykłej podłodze,
po skrzypiących deskach stąpa.

Wszystkie po zabójcy ślady
pali w piecu. Aż do szczętu
fotografii, do imentu
sznurowadła z dna szuflady.

Ona nie jest uduszona.
Ona nie jest zastrzelona.
Niewidoczną śmierć poniosła.

# БАЛЛАДА

Вот баллада об убитой,
что внезапно с кресла встала.

Непреложной правды ради
всё записано в тетради.

Это было у окошка,
штора свет не заслоняла.

Кто хотел, тот видеть мог.

И когда закрылись двери
и с крыльца сбежал убийца,
она встала, как живая,
пробуждённая безмольвьем.

Она встала, повернула
голову и твёрдым взглядом
посмотрела прямо в угол.

Не по воздуху летела —
прямо по полу ступала,
по скрипящим доскам пола.

В печке жжёт следы убийцы —
фотографии, цидулки
и шнурки со дна шкатулки —
долго пламя будет виться.

Нет, её не задушили.
Нет, её не застрелили.
Смерть её была незрима.

Może dawać znaki życia,
płakać z różnych drobnych przyczyn,
nawet krzyczeć z przerażenia
na widok myszy.
               Tak wiele
jest słabości i śmieszności
nietrudnych do podrobienia.

Ona wstała, jak się wstaje.

Ona chodzi, jak się chodzi.

Nawet śpiewa czesząc włosy,
które rosną.

*1961*

Проявляет знаки жизни:
иногда, бывает, плачет,
даже вскрикнет от испуга,
мышь увидев.
      Да немало—

есть ведь слабости, причуды,
их подделать очень просто.

Она встала, как встаёшь ты.

Она ходит, как ты ходишь.

И поёт, ведя расчёской
по растущим волосам.

## WIECZÓR AUTORSKI

Muzo, nie być bokserem to jest nie być wcale.
Ryczącej publiczności poskąpiłaś nam.
Dwanaście osób jest na sali,
już czas, żebyśmy zaczynali.
Połowa przyszła, bo deszcz pada,
reszta to krewni. Muzo.

Kobiety rade zemdleć w ten jesienny wieczór,
zrobią to, ale tylko na bokserskim meczu.
Dantejskie sceny tylko tam.
I wniebobranie. Muzo.

Nie być bokserem, być poetą,
mieć wyrok skazujący na ciężkie norwidy,
z braku muskulatury demonstrować światu
przyszłą lekturę szkolną — w najszczęśliwszym razie —
o Muzo. O Pegazie,
aniele koński.

W pierwszym rządku staruszek słodko sobie śni,
że mu żona nieboszczka z grobu wstała i
upiecze staruszkowi placek ze śliwkami.
Z ogniem, ale niewielkim, bo placek się spali,
zaczynamy czytanie. Muzo.

*1958*

## АВТОРСКИЙ ВЕЧЕР

Муза, не быть боксёром — значит не быть совсем.
Ты поскупилась на ревущие толпы:
в зале пятеро, вот ещё семь,
уже пора, не задерживай долго.
Половина пришла из-за дождя,
остальные — родня. О Муза.

Дамы рады лишиться чувств в этот вечер,
что и будет — на боксе, не на этой встрече.
Сцены дантовы только там —
и превозношенье. О Муза.

Не быть боксёром — быть поэтом,
приговорённым на каторжные работы,
вместо мускулов демонстрировать миру
школьное чтение, в лучшем случае,
о Пегас, конь мой летучий.
О Муза.

В первом ряду старичок в сладких грёзах,
что жена-покойница встала из гроба
и печёт муженьку пирог со сливами.
С огнём, но несильным, чтоб не подгорел он,
начнём-ка читать, Муза.

## NAGROBEK

Tu leży staroświecka jak przecinek
autorka paru wierszy. Wieczny odpoczynek
raczyła dać jej ziemia, pomimo że trup
nie należał do żadnej z literackich grup.
Ale też nic lepszego nie ma na mogile
oprócz tej rymowanki, łopianu i sowy.
Przechodniu, wyjmij z teczki mózg elektronowy
i nad losem Szymborskiej podumaj przez chwilę.

*1958*

## Надгробие

Здесь лежит старомодная, как двоеточие,
автор нескольких поэтических строчек
на вечном покое, хотя её труп
не входил ни в одну из писательских групп.
Сова на могиле, росток лопуха
и эти вот строчки смешного стиха.
Прохожий, достань свой компьютер заморский,
подумай на миг над судьбою Шимборской.

* * *

Jestem za blisko, żeby mu się śnić.
Nie fruwam nad nim, nie uciekam mu
pod korzeniami drzew. Jestem za blisko.
Nie moim głosem śpiewa ryba w sieci.
Nie z mego palca toczy się pierścionek.
Jestem za blisko. Wielki dom się pali
beze mnie wołającej ratunku. Za blisko,
żeby na moim włosie dzwonił dzwon.
Za blisko, żebym mogła wejść jak gość,
przed którym rozsuwają się ściany.
Już nigdy po raz drugi nie umrę tak lekko,
tak bardzo poza ciałem, tak bezwiednie,
jak niegdyś w jego śnie. Jestem za blisko,
za blisko. Słyszę syk
i widzę połyskliwą łuskę tego słowa,
znieruchomiała w objęciu. On śpi,
w tej chwili dostępniejszy widzianej raz w życiu
kasjerce wędrownego cyrku z jednym lwem
niż mnie leżącej obok.
Teraz to dla niej rośnie w nim dolina
rudolistna, zamknięta ośnieżoną górą
w lazurowym powietrzu. Ja jestem za blisko,
żeby mu z nieba spaść. Mój krzyk
mógłby go tylko zbudzić. Biedna,
ograniczona do własnej postaci,
a byłam brzozą, a byłam jaszczurką,
a wychodziłam z czasów i atłasów
mieniąc się kolorami skór. A miałam
łaskę znikania sprzed zdumionych oczu,
co jest bogactwem bogactw. Jestem blisko,
za blisko, żeby mu się śnić.
Wysuwam ramię spod głowy śpiącego,
zdrętwiałe, pełne wyrojonych szpilek.
Na czubku każdej z nich, do przeliczenia,
strąceni siedli anieli.

*1961*

78

\* \* \*

Я слишком близко, чтоб ему сниться.
Я не парю над ним и не прячусь
под корни деревьев. Я слишком близко.
Не моим голосом поёт в сети рыба.
Не с моего пальца кольцо спадает.
Я слишком близко. И дом полыхает
без меня, зовущей на помощь. Слишком близко,
чтоб на волосе колокол зазвонил.
Слишком близко, чтобы войти как гость,
пред которым расступятся стены.
Второй раз никогда не умру я так просто,
отчуждённо от тела и так ненароком,
как в том его сне. Я слишком близко,
слишком близко. Шипение слышу
и вижу блестящую чешую слова,
недвижно лёжа в его объятиях. Он спит,
доступней сейчас раз в жизни увиденной
кассирше бродячего цирка со львом,
чем мне, лежащей рядом.
Теперь для неё в нём дол тот багряный
растёт, горой оснежённой замкнут
в лазоревом воздухе. Я слишком близко,
чтобы с неба упасть. Мой крик
лишь разбудит его. Я теряюсь,
скована собственной формой,
а была берёзой, была и ящеркой,
не жалела шелков и времени,
меняя цвет кожи. Владела искусством
исчезать на глазах изумлённых —
это высшая ценность. Я близко,
слишком близко, чтоб ему сниться.
Рука моя под его головою
онемела, вся в незримых иголках.
На кончике каждой — наперечёт —
падшие ангелы сели.

## NA WIEŻY BABEL

—*Która godzina?*—Tak, jestem szczęśliwa,
i brak mi tylko dzwoneczka u szyi,
który by brzęczał nad tobą, gdy śpisz.
—*Więc nie słyszałaś burzy? Murem targnął wiatr,
wieża ziewnęła jak lew, wielką bramą
na skrzypiących zawiasach.*—Jak to, zapomniałeś?
Miałam na sobie zwykłą szarą suknię
spinaną na ramieniu.—*I natychmiast potem
niebo pękło w stubłysku.*—Jakże mogłam wejść,
przecież nie byłeś sam.—*Ujrzałem nagle
kolory sprzed istnienia wzroku.*—Szkoda,
że nie możesz mi przyrzec.—*Masz słuszność,
widocznie to był sen.*—Dlaczego kłamiesz,
dlaczego mówisz do mnie jej imieniem,
kochasz ją jeszcze?—*O tak, chciałbym,
żebyś została ze mną.*—Nie mam żalu,
powinnam była domyślić się tego.
—*Wciąż myślisz o nim?*—Ależ ja nie płaczę.
—*I to już wszystko?*—Nikogo jak ciebie.
—*Przynajmniej jesteś szczera.*—Bądź spokojny,
wyjadę z tego miasta.—*Bądź spokojna,
odejdę stąd.*—Masz takie piękne ręce.
—*To stare dzieje, ostrze przeszło
nie naruszając kości.*—Nie ma za co,
mój drogi, nie ma za co.—*Nie wiem
i nie chcę wiedzieć, która to godzina.*

*1961*

## НА ВАВИЛОНСКОЙ БАШНЕ

*— Сколько времени?* — Да, я счастлива;
мне бы ещё колокольчик на шею,
пусть бы бренчал над тобой, когда спишь.
*— Ты не слышала бури? Ветер стену сотряс,*
*башня зевнула, как львица, вратами*
*на петлях скрипящих.* — Ты что, не помнишь?
На мне было то серое платье
с застёжкою сбоку. *— И следом за этим*
*небо лопнуло с треском.* — Ну как я войду,
ты ведь был не один. *— И я вдруг увидел*
*цвета прежде чем появилось зрение.* — Жалко,
что ты мне обещать не можешь. *— Верно,*
*это явно был сон.* — Зачем ты врёшь мне,
зачем зовёшь меня её именем,
ты её ещё любишь? *— Да, я хотел бы,*
*чтоб ты оставалась со мной.* — Нисколько
не сержусь, я могла б догадаться.
*— Всё тоскуешь о нём?* — Я ж не плачу.
*— И что, это всё?* — Никого, лишь тебя.
*— Ты хотя бы правдива.* — Успокойся,
я уеду отсюда. *— Будь спокойна,*
*я уйду.* — У тебя прекрасные руки.
*— Это давнее: ножик вонзился,*
*не задев даже кости.* — Не за что,
милый мой, не за что. *— Я не знаю*
*и знать не хочу, сколько времени.*

## SEN

Mój poległy, mój w proch obrócony, mój ziemia,
przybrawszy postać, jaką ma na fotografii:
z cieniem liścia na twarzy, z muszlą morską w ręce,
wyrusza do mojego snu.

Wędruje przez ciemności od nigdy zagasłe,
przez pustki otworzone ku sobie na zawsze,
przez siedem razy siedem razy siedem cisz.

Zjawia się na wewnętrznej stronie moich powiek,
na tym jednym jedynym dostępnym mu świecie.
Bije mu serce przestrzelone.
Zrywa się z włosów pierwszy wiatr.

Zaczyna istnieć łąka między nami.
Nadlatują niebiosa z chmurami i ptactwem,
na horyzoncie cicho wybuchają góry
i rzeka spływa w dół w poszukiwaniu morza.

Już tak daleko widać, tak daleko,
że dzień i noc stają się równoczesne,
a wszystkie pory roku zaznawane naraz.

Księżyc czterokwadrowy wachlarz rozpościera,
wirują płatki śniegu razem z motylami
i z kwitnącego drzewa spadają owoce.

Zbliżamy się do siebie. Nie wiem czy we łzach
i nie wiem czy w uśmiechach. Jeszcze jeden krok
i posłuchamy razem twojej muszli morskiej,
jaki tam szum tysiącznych orkiestr,
jaki tam nasz weselny marsz.

*1958*

# Сон

Мой погибший, мой в прах обращённый, в землю,
принявший облик, как на фотографии,
с тенью листьев на лбу, с ракушкой в ладони,
приходит в мой сон.

Он бредёт сквозь тьму, никогда не гаснущую,
через пустоты, распахнутые друг в друга,
сквозь семью семь раз по семь безмолвий.

Он появляется изнутри моих век,
на этом единственном свете, ему доступном.
Бьётся его простреленное сердце.
Веет с волос первый ветер.

Луг появляется между нами.
Близится небо, облако, птицы,
горизонт набухает горами тихо,
и река плывёт в дол в поисках моря.

Уже видно становится так далеко,
что день и ночь наступают разом,
и стоят сразу все времена года.

Луна полностью раскрывает веер,
снежинки кружатся с мотыльками,
и с цветущего дерева плод опадает.

Мы подходим друг к другу. Не знаю, в слезах ли,
и не знаю, с улыбкой ль. Ещё один шаг —
и послушаем вместе твою ракушку:
какой там шум тысячи оркестров,
какой там наш свадебный марш.

## W RZECE HERAKLITA

W rzece Heraklita
ryba łowi ryby,
ryba ćwiartuje rybę ostrą rybą,
ryba buduje rybę, ryba mieszka w rybie,
ryba ucieka z oblężonej ryby.

W rzece Heraklita
ryba kocha rybę,
twoje oczy — powiada — lśnią jak ryby w niebie,
chcę płynąć razem z tobą do wspólnego morza,
o najpiękniejsza z ławicy.

W rzece Heraklita
ryba wymyśliła rybę nad rybami,
ryba klęka przed rybą, ryba śpiewa rybie,
prosi rybę o lżejsze pływanie.

W rzece Heraklita
ja ryba pojedyncza, ja ryba odrębna
(choćby od ryby drzewa i ryby kamienia)
pisuję w poszczególnych chwilach małe ryby
w łusce srebrnej tak krótko,
że może to ciemność w zakłopotaniu mruga?

*1959*

## В РЕКЕ ГЕРАКЛИТА

В реке Гераклита
рыба ловит рыбу,
рыба режет рыбу острой рыбой,
рыба строит рыбу, рыба живёт в рыбе,
рыба бежит от оцепленной рыбы.

В реке Гераклита
рыба любит рыбу,
«твои глаза, — говорит, — блестят рыбами в небе,
я хочу плыть с тобой к общему морю,
о прекраснейшая на отмели».

В реке Гераклита
рыба придумала рыбу над рыбами,
рыба молится рыбе, рыба поёт рыбе,
просит рыбу, чтоб плавалось легче.

В реке Гераклита
я — рыба другая, я отличаюсь
от рыбы дерева, от рыбы камня —
на серебряной чешуе пишу я
мелкие рыбы так кратко,
что кажется: тьма в смущенье моргает.

## ROZMOWA Z KAMIENIEM

Pukam do drzwi kamienia.
—To ja, wpuść mnie.
Chcę wejść do twego wnętrza,
rozejrzeć się dokoła,
nabrać ciebie jak tchu.

—Odejdź—mówi kamień.—
Jestem szczelnie zamknięty.
Nawet rozbite na części
będziemy szczelnie zamknięte.
Nawet starte na piasek
nie wpuścimy nikogo.

Pukam do drzwi kamienia.
—To ja, wpuść mnie.
Przychodzę z ciekawości czystej.
Życie jest dla niej jedyną okazją.
Zamierzam przejść się po twoim pałacu,
a potem jeszcze zwiedzić liść i kroplę wody.
Niewiele czasu na to wszystko mam.
Moja śmiertelność powinna cię wzruszyć.

—Jestem z kamienia—mówi kamień—
i z konieczności muszę zachować powagę.
Odejdź stąd.
Nie mam mięśni śmiechu.

Pukam do drzwi kamienia.
—To ja, wpuść mnie.
Słyszałam, że są w tobie wielkie puste sale,
nie oglądane, piękne nadaremnie,
głuche, bez echa czyichkolwiek kroków.
Przyznaj, że sam nieduża o tym wiesz.

## РАЗГОВОР С КАМНЕМ

Я стучу в его дверь:
— Это я, впусти меня.
Хочу войти к тебе внутрь,
вокруг осмотреться,
вобрать тебя, словно воздух.

— Уходи, — отвечает камень. —
Я плотно заперт.
Даже на части разбитые,
мы замкнуты плотно;
даже в песок истёртые,
мы никого не впустим.

Я стучу в его дверь:
— Это я, впусти меня.
Я здесь просто из любопытства,
утолить его можно лишь жизнью.
Мне пройтись бы по твоему замку
и лист навестить, и каплю воды.
В жизни смертных не много времени.
Разве это тебя не тронет?

— Я из камня, — говорит камень, —
и должен остаться невозмутимым.
Уходи.
Я не умею смеяться.

Я стучу в его дверь:
— Это я, впусти меня.
Говорят, что внутри тебя залы пустые,
никто их не видел: вся роскошь напрасна
залов, где эхо шагов не раздастся.
Признайся: ты мало что знаешь об этом.

— Wielkie i puste sale — mówi kamień —
ale w nich miejsca nie ma.
Piękne, być może, ale poza gustem
twoich ubogich zmysłów.
Możesz mnie poznać, nie zaznasz mnie nigdy.
Całą powierzchnią zwracam się ku tobie,
a całym wnętrzem leżę odwrócony.

Pukam do drzwi kamienia.
— To ja, wpuść mnie.
Nie szukam w tobie przytułku na wieczność.
Nie jestem nieszczęśliwa.
Nie jestem bezdomna.
Mój świat jest wart powrotu.
Wejdę i wyjdę z pustymi rękami.
A na dowód, że byłam prawdziwie obecna,
nie przedstawię niczego prócz słów,
którym nikt nie da wiary.

— Nie wejdziesz — mówi kamień. —
Brak ci zmysłu udziału.
Żaden zmysł nie zastąpi ci zmysłu udziału.
Nawet wzrok wyostrzony aż do wszechwidzenia
nie przyda ci się na nic bez zmysłu udziału.
Nie wejdziesz, masz zaledwie zamysł tego zmysłu,
ledwie jego zawiązek, wyobraźnię.

Pukam do drzwi kamienia.
— To ja, wpuść mnie.
Nie mogę czekać dwóch tysięcy wieków
na wejście pod twój dach.

— Jeżeli mi nie wierzysz — mówi kamień —
zwróć się do liścia, powie to, co ja.
Do kropli wody, powie to, co liść.

88

— Просторные залы… — говорит камень, —
однако же в них нету места.
Возможно, прекрасны они — вне пределов
чувств твоих скудных и вкусов убогих.
Ты меня знаешь, но ввек не постигнешь.
Внешне я весь у тебя пред глазами,
но то, что внутри у меня, ты не видишь.

Я стучу в его дверь:
— Это я, впусти меня.
Я в тебе не ищу навсегда приюта.
Я не несчастная,
я не бездомная.
Мир мой сто́ит того, чтоб вернуться.
Войду я и выйду с пустыми руками;
а в доказательство, что я была здесь,
ничего не представлю — только слова,
которым никто не поверит.

— Не войдёшь, — говорит камень, —
у тебя нет чувства причастности.
Ничто не заменит чувство причастности,
даже зоркость всезнания
бесполезна без чувства причастности.
Не войдёшь, ибо есть у тебя лишь предчувствие,
только завязь и зыбкое предощущенье.

Я стучу в его дверь:
— Это я, впусти меня.
Я ждать не могу две тысячи столетий,
чтоб войти под твой кров.

— Раз ты мне не веришь, — говорит камень, —
спроси у листа — и он скажет то же;
каплю спроси — скажет то же, что лист.

Na koniec spytaj włosa z własnej głowy.
Śmiech mnie rozpiera, śmiech, olbrzymi śmiech,
którym śmiać się nie umiem.

Pukam do drzwi kamienia.
— To ja, wpuść mnie.

— Nie mam drzwi — mówi kamień.

*1961*

Спроси хоть собственные волосы.
Смех, мощный смех меня распирает,
которым я не умею смеяться.

Я стучу в его дверь:
— Это я, впусти меня.

— Нет у меня двери, — говорит камень.

## Radość pisania

Dokąd biegnie ta napisana sarna przez napisany las?
Czy z napisanej wody pić,
która jej pyszczek odbije jak kalka?
Dlaczego łeb podnosi, czy coś słyszy?
Na pożyczonych z prawdy czterech nóżkach wsparta
spod moich palców uchem strzyże.
Cisza — ten wyraz też szeleści po papierze
i rozgarnia
spowodowane słowem „las" gałęzie.

Nad białą kartką czają się do skoku
litery, które mogą ułożyć się źle,
zdania osaczające,
przed którymi nie będzie ratunku.

Jest w kropli atramentu spory zapas
myśliwych z przymrużonym okiem,
gotowych zbiec po stromym piórze w dół,
otoczyć sarnę, złożyć się do strzału.

Zapominają, że tu nie jest życie.
Inne, czarno na białym, panują tu prawa.
Oka mgnienie trwać będzie tak długo, jak zechcę,
pozwoli się podzielić na małe wieczności
pełne wstrzymanych w locie kul.

Na zawsze, jeśli każę, nic się tu nie stanie.
Bez mojej woli nawet liść nie spadnie
ani źdźbło się nie ugnie pod kropką kopytka.

## РАДОСТЬ ТВОРЧЕСТВА

Куда эта лань сочинённая мчится сквозь сочинённый лес?
Сочинённую воду пить,
где её мордочка отразится?
Зачем голову вскинула — что-то слушает?
Опираясь на ножки, одолженные у правды,
под рукой моей напрягает уши.
Слово «тишь» шелестит по бумаге
и раздвигает
вызванные словом «лес» ветки.

Над листом изготовились прыгнуть
буквы, что могут лечь плохо,
неотвязные фразы,
от которых не будет спасенья.

В капле чернил есть солидный запас
стрелков с прищуренным глазом,
готовых спуститься по склону пера,
лань окружить и приникнуть к прицелу.

Они забывают, что здесь не реальность.
Здесь право одно лишь: по белому чёрным.
Мгновенье продлится сколько я пожелаю,
даст разделиться на мелкие вечности
на лету остановленных пуль.

Если я прикажу, ничего здесь не будет.
Без воли моей не спадёт даже листик,
стебелёк не согнётся под точкой копыта.

Jest więc taki świat,
nad którym los sprawuję niezależny?
Czas, który wiążę łańcuchami znaków?
Istnienie na mój rozkaz nieustanne?

Radość pisania.
Możność utrwalania.
Zemsta ręki śmiertelnej.

*1962*

Значит, есть такой мир,
чьей судьбой только я независимо правлю?
Где я время вяжу цепочками знаков?
И жизнь, коли я прикажу, бесконечна?

Радость творчества.
Власть над мгновеньем.
Месть руки обречённой.

## PAMIĘĆ NARESZCIE

Pamięć nareszcie ma, czego szukała.
Znalazła mi się matka, ujrzał mi się ojciec.
Wyśniłam dla nich stół, dwa krzesła. Siedli.
Byli mi znowu swoi i znowu mi żyli.
Dwoma lampami twarzy o szarej godzinie
błyśli jak Rembrandtowi.

Teraz dopiero mogę opowiedzieć,
w ilu snach się tułali, w ilu zbiegowiskach
spod kół ich wyciągałam,
w ilu agoniach przez ile mi lecieli rąk.
Odcięci — odrastali krzywo.
Niedorzeczność zmuszała ich do maskarady.
Cóż stąd, że to nie mogło ich poza mną boleć,
jeśli bolało ich we mnie.
Śniona gawiedź słyszała, jak wołałam mamo
do czegoś, co skakało piszcząc na gałęzi.
I był śmiech, że mam ojca z kokardą na głowie.
Budziłam się ze wstydem.

No i nareszcie.
Pewnej zwykłej nocy,
z pospolitego piątku na sobotę,
tacy mi nagle przyszli, jakich chciałam.
Śnili się, ale jakby ze snów wyzwoleni,
posłuszni tylko sobie i niczemu już.
W głębi obrazu zgasły wszystkie możliwości,
przypadkom brakło koniecznego kształtu.
Tylko oni jaśnieli piękni, bo podobni.
Zdawali mi się długo, długo i szczęśliwie.

Zbudziłam się. Otwarłam oczy.
Dotknęłam świata jak rzeźbionej ramy.

*1965*

## Память находит

Память в итоге находит искомое.
Я нашла мою мать, отца увидала.
Сон сочинил им два стула и стол. Они сели.
Были снова родными и снова живыми.
В сумерках лица их ровно светились,
как на рембрандтовских портретах.

Только сейчас рассказать я могла бы,
сколько раз в снах бродили они, в скольких толпах
я их выхватывала из-под колёс,
сколько раз в скольких муках они умирали.
Отрезанные отрастали криво.
Они маскировали уродство, скрывая.
Что с того, что боль без меня их терзала,
если я эту боль ощущала?
Сброд во сне хохотал, когда я звала: «Мама!»
кого-то, кто с писком прыгал по ветке,
и что у отца на голове бантик.
Я со стыдом просыпалась.

И наконец-то
однажды ночью,
с обыкновенной пятницы на субботу,
они пришли вдруг такими, как я хотела.
Снились, но словно бы снам неподвластны
и ничему уже, только друг другу.
Внутри картины погасли все варианты,
форма предметов размылась.
Сияли они лишь — красивые, ибо похожие.
Долго мне виделись, долго и счастливо.

Я пробудилась. Глаза открыла.
Коснулась мира, как резной рамы.

## PEJZAŻ

W pejzażu starego mistrza
drzewa mają korzenie pod olejną farbą,
ścieżka na pewno prowadzi do celu,
sygnaturę z powagą zastępuje źdźbło,
jest wiarygodna piąta po południu,
maj delikatnie, ale stanowczo wstrzymany,
więc i ja przystanęłam—ależ tak, drogi mój,
to ja jestem ta niewiasta pod jesionem.

Przyjrzyj się, jak daleko odeszłam od ciebie,
jaki mam biały czepek i żółtą spódnicę,
jak mocno trzymam koszyk, żeby nie wypaść z obrazu,
jak paraduję sobie w cudzym losie
i odpoczywam od żywych tajemnic.

Choćbyś zawołał, nie usłyszę,
a choćbym usłyszała, nie odwrócę się,
a choćbym i zrobiła ten niemożliwy ruch,
twoja twarz wyda mi się obca.

Znam świat w promieniu sześciu mil.
Znam zioła i zaklęcia na wszystkie boleści.
Bóg jeszcze patrzy w czubek mojej głowy.
Modlę się jeszcze o nienagłą śmierć.

Wojna jest karą a pokój nagrodą.
Zawstydzające sny pochodzą od szatana.
Mam oczywistą duszę jak śliwka ma pestkę.

Nie znam zabawy w serce.
Nie znam nagości ojca moich dzieci.
Nie podejrzewam Pieśni nad Pieśniami
o pokreślony zawiły brudnopis.

# ПЕЙЗАЖ

На пейзаже старого мастера
у деревьев есть корни под масляной краской,
дорожка, конечно, приводит к цели,
травинка вполне заменяет подпись.
Здесь часов пять, вероятно,
нежный май остановлен уверенной кистью;
вот и я постою — да, мой милый,
я и есть та женщина под ясенем.

Смотри, как далеко от тебя ушла я,
какой белый чепчик на мне и жёлтая юбка,
как крепко корзинку держу, чтоб из картины не выпасть,
как красуюсь в чужой судьбе я
и отдыхаю от живых секретов.

Если окликнешь, то я не услышу,
да и услышав, не обернусь я,
да и вдруг обернулась бы, что невозможно,
твоё лицо показалось чужим бы.

Я знаю мир в шестимильной округе,
знаю травы и заговоры от болезней.
Бог ещё смотрит мне в затылок.
Только бы смерть не пришла внезапно.

Война — это кара, а мир — награда.
Сны соблазна — происки дьявола.
Моя душа проста, как косточка сливы.

Я не играю в любовные игры.
Отца моих детей я нагим не знаю.
Не догадываюсь, что «Песнь песней»
была исчёрканным черновиком.

To, co pragnę powiedzieć, jest w gotowych zdaniach.
Nie używam rozpaczy, bo to rzecz nie moja,
a tylko powierzona na przechowanie.

Choćbyś zabiegł mi drogę,
choćbyś zajrzał w oczy,
minę cię samym skrajem przepaści cieńszej niż włos.

Na prawo jest mój dom, który znam dookoła
razem z jego schodkami i wejściem do środka,
gdzie dzieją się historie nie namalowane:
kot skacze na ławę,
słońce pada na cynowy dzban,
za stołem siedzi kościsty mężczyzna
i reperuje zegar.

*1964*

То, что хочу я сказать, уже сказано.
Безнадёжность чужда мне —
мне её только хранить доверили.

Если б ты встал на моём пути,
если бы заглянул в глаза мне,
я б мимо прошла краем бездны, тонким как волос.

Справа дом мой, я знаю его досконально
с каждой ступенькой и входом туда, где
жизнь идёт, скрытая живописцем:
кот скачет по лавке,
солнце светит на цинковый жбан,
за столом сидит худощавый мужчина
и чинит часы.

## ALBUM

Nikt w rodzinie nie umarł z miłości.
Co tam było to było, ale nic dla mitu.
Romeowie gruźlicy? Julie dyfterytu?
Niektórzy wręcz dożyli zgrzybiałej starości.
Żadnej ofiary braku odpowiedzi
na list pokropiony łzami!
Zawsze w końcu zjawiali się jacyś sąsiedzi
z różami i binoklami.
Żadnego zaduszenia się w stylowej szafie,
kiedy to raptem wraca mąż kochanki!
Nikomu te sznurówki, mantylki, falbanki
nie przeszkodziły wejść na fotografię.
I nigdy w duszy piekielnego Boscha!
I nigdy z pistoletem do ogrodu!
(Konali z kulą w czaszce, ale z innego powodu
i na polowych noszach)
Nawet ta, z ekstatycznym kokiem
i oczami podkutymi jak po balu,
odpłynęła wielkim krwotokiem
nie do ciebie, danserze, i nie z żalu.
Może ktoś, dawniej, przed dagerotypem —
ale z tych, co w albumie, nikt, o ile wiem.
Rozśmieszały się smutki, leciał dzień za dniem,
a oni, pocieszeni, znikali na grypę.

*1964*

## Альбом

Никто в семье не умер от страсти.
Что было то было, но не для легенды.
У Ромео чахотка? Дифтерит у Джульетты?
Кто-то дожил до дряхлой старости.
Никаких жертв, если и не ответят
на письмо со следами слёз!
В конце неизбежно приходят соседи
с биноклями и букетами роз.
Если муж поспешил воротиться,
в шкафу никто не погиб от удушья!
Никому кружева, шнуровки и рюши
не мешали на снимке явить свои лица.
Не знали Босхова ада их души!
Не стрелялись, не падали навзничь!
(С пулей в черепе гибли, только иначе,
и в лазаретах душных).
И та, с изысканной прядью над бровью,
с глазами усталыми, как после бала,
унесена собственной кровью —
не к тебе, с которым протанцевала.
Может, кто-нибудь раньше, до дагерротипа,
но ни один на этих страницах.
Печали смешили, время мчалось и мчится,
а они, смирившись, умирали от гриппа.

## ŚMIECH

Dziewczynka, którą byłam —
znam ją, oczywiście.
Mam kilka fotografii
z jej krótkiego życia.
Czuję wesołą litość
dla paru wierszyków.
Pamiętam kilka zdarzeń.

Ale,
żeby ten, co jest tu ze mną,
roześmiał się i objął mnie,
wspominam tylko jedną historyjkę;
dziecinną miłość
tej małej brzyduli.

Opowiadam,
jak kochała się w studencie,
to znaczy chciała,
żeby spojrzał na nią.

Opowiadam,
jak mu wybiegła naprzeciw
z bandażem na zdrowej głowie,
żeby chociaż, och, zapytał,
co się stało.

Zabawna mała.
Skądże mogła wiedzieć,
że nawet rozpacz przynosi korzyści,
jeżeli dobrym trafem
pożyje się dłużej.

## Смех

Девочка, которой была я —
знаю её, конечно.
Вот несколько фотографий
из её краткой жизни.
Чувствую смех и жалость
к её стишатам.
Помню несколько случаев.

Только
чтоб тот, кто здесь рядом со мною,
обнял меня со смехом,
вспоминаю одну историйку,
как эта дурнушка
в детстве влюбилась.

Рассказываю,
как влюбилась в студента,
то есть хотела,
чтоб на неё взглянул он.

Рассказываю,
как выбежала навстречу
с повязкой на лбу здоровом
(ох, неужто не спросит,
что случилось?)

Смешная девчушка.
Откуда ей знать-то,
что и отчаяние пользу приносит,
если выпадет случай
пожить ещё дольше.

Dałabym jej na ciastko.
Dałabym jej na kino.
Idź sobie, nie mam czasu.

No przecież widzisz,
że światło zgaszone.
Chyba rozumiesz,
że zamknięte drzwi.
Nie szarp za klamkę—
ten, co się roześmiał,
ten, co mnie objął,
to nie jest twój student.

Najlepiej, gdybyś wróciła,
skąd przyszłaś.
Nic ci nie jestem winna,
zwyczajna kobieta,
która tylko wie,
kiedy
zdradzić cudzy sekret.

Nie patrz tak na nas
tymi swoimi oczami
zanadto otwartymi,
jak oczy umarłych.

*1967*

Я дала бы ей мелочь
на кино, на конфеты.
Ты ступай; тороплюсь я.

Ты разве не видишь —
погашена лампа?
Ты понимаешь,
что заперты двери?
Не дёргай за ручку:
тот, кто рассмеялся,
тот, кто меня обнял —
то не студент твой.

Ты бы лучше вернулась,
откуда явилась.
Я ни в чём не виновна –
обычная женщина:
мне виднее,
когда
выдать тайну чужую.

И не смотри на нас
так своими глазами,
распахнутыми,
как у мёртвых.

## DWORZEC

Nieprzyjazd mój do miasta N.
odbył się punktualnie.

Zostałeś uprzedzony
niewysłanym listem.

Zdążyłeś nie przyjść
w przewidzianej porze.

Pociąg wjechał na peron trzeci.
Wysiadło dużo ludzi.

Uchodził w tłumie do wyjścia
brak mojej osoby.

Kilka kobiet zastąpiło mnie
pośpiesznie
w tym pośpiechu.

Do jednej podbiegł
ktoś nie znany mi,
ale ona rozpoznała go
natychmiast.

Oboje wymienili
nie nasz pocałunek,
podczas czego zginęła
nie moja walizka.

Dworzec w mieście N.
dobrze zdał egzamin
z istnienia obiektywnego.

# Вокзал

Моё неприбытие в город N.
прошло строго по расписанию.

Ты был предупреждён
письмом неотправленным.

Ты сумел не прийти
в условное время.

Поезд въехал на третью платформу.
Вышло много народу.

Толпа, где меня не было,
двинулась к выходу.

Несколько женщин бросились
на моё место
в той спешке.

К одной подбежал
кто-то, мне не известный,
однако она его
сразу узнала.

Они обменялись
не нашим поцелуем,
и пропал в это время
не мой чемоданчик.

Вокзал города N.
хорошо сдал экзамен
на объективную сущность.

Całość stała na swoim miejscu.
Szczegóły poruszały się
po wyznaczonych torach.

Odbyło się nawet
umówione spotkanie.

Poza zasięgiem
naszej obecności.

W raju utraconym
prawdopodobieństwa.

Gdzie indziej.
Gdzie indziej.
Jak te słówka dźwięczą.

*1966*

Целое осталось на месте.
Детали двигались
по намеченным рельсам.

Назначенное свидание
всё-таки состоялось —

вне пределов
нашего пребывания,

в потерянном рае
правдоподобия.

Где-нибудь, где-то.
Где-нибудь, где-то.
Как эти слова звучат.

## Spis ludności

Na wzgórzu, gdzie stała Troja,
odkopano siedem miast.
Siedem miast. O sześć za dużo
jak na jedną epopeję.
Co z nimi zrobić, co zrobić.
Pękają heksametry,
afabularna cegła wyziera ze szczelin,
w ciszy filmu niemego obalone mury,
zwęglone belki, zerwane ogniwa,
dzbanki wypite do utraty dna,
amulety płodności, pestki sadów
i czaszki dotykalne jak jutrzejszy księżyc.

Przybywa nam dawności,
robi się w niej tłoczno,
rozpychają się w dziejach dzicy lokatorzy,
zastępy mięsa mieczowego,
reszki orła-Hektora dorównujące mu męstwem,
tysiące i tysiące poszczególnych twarzy,
a każda pierwsza i ostatnia w czasie,
a w każdej dwoje niebywałych oczu.
Tak lekko było nic o tym nie wiedzieć,
tak rzewnie, tak przestronnie.
Co z nimi robić, co im dać?
Jakiś wiek mało zaludniony do tej pory?
Trochę uznania dla sztuki złotniczej?
Za późno przecież na sąd ostateczny.
My, trzy miliardy sędziów,
mamy swoje sprawy,
własne nieartykułowane rojowiska,
dworce, trybuny sportowe, pochody,
liczebne zagranice ulic, pięter, ścian.

## Перепись населения

На холме, где стояла Троя,
семь городов откопали.
Семь городов. На шесть больше,
чем надо для эпопеи.
Что с ними сделать, что сделать.
Трескается гекзаметр,
бессюжетный кирпич торчит из щелей,
в тиши фильма немого рухнули стены,
обуглились балки, стропила,
кувшины без доньев, давно испитые,
семена, фетиши плодородия,
черепа, ощутимые так же, как завтрашний месяц.

Давность всё прибывает,
в ней становится тесно,
пришельцы незваные рвутся в историю,
новые полчища мяса для рубки,
решки орла-Гектора, равные ему мужеством,
тысячи и тысячи отдельных лиц,
и каждое — первое и последнее в вечности,
и в каждом два удивительных глаза.
Так легко было не знать об этом,
так печально, просторно.
Что с ними делать, что дать им?
Какой век до сих пор заселён ещё мало?
Признать ремесло ювелиров полезным?
Страшный суд припозднился, похоже.
Мы, три миллиарда судей,
заняты своими делами —
у нас бестолковые сборища,
стадионы, вокзалы, парады,
числовые границы улиц, стен, этажей.

Mijamy się na wieczność w domach towarowych
kupując nowy dzbanek.
Homer pracuje w biurze statystycznym.
Nikt nie wie, co robi w domu.

*1963*

Встречаясь, минуем друг друга на вечность,
новый кувшин покупая.
Гомер служит в бюро статистики.
Что он делает дома, никто не знает.

## Monolog dla Kasandry

To ja, Kasandra.
A to jest moje miasto pod popiołem.
A to jest moja laska i wstążki prorockie.
A to jest moja głowa pełna wątpliwości.

To prawda, tryumfuję.
Moja racja aż łuną uderzyła w niebo.
Tylko prorocy, którym się nie wierzy,
mają takie widoki.
Tylko ci, którzy źle zabrali się do rzeczy,
i wszystko mogło spełnić się tak szybko,
jakby nie było ich wcale.

Wyraźnie teraz przypominam sobie,
jak ludzie, widząc mnie, milkli w pół słowa.
Rwał się śmiech.
Rozplatały się ręce.
Dzieci biegły do matki.
Nawet nie znałam ich nietrwałych imion.
A ta piosenka o zielonym listku —
nikt jej nie kończył przy mnie.

Kochałam ich.
Ale kochałam z wysoka.
Sponad życia.
Z przyszłości. Gdzie zawsze jest pusto
i skąd cóż łatwiejszego jak zobaczyć śmierć.
Żałuję, że mój głos był twardy.
Spójrzcie na siebie z gwiazd — wołałam —
spójrzcie na siebie z gwiazd.
Słyszeli i spuszczali oczy.

## Монолог для Кассандры

Это я, Кассандра.
А это мой город под пеплом.
А это мой посох и ленты пророчеств.
А это моя голова в сомненьях.

Да, я торжествую.
Моя правота озарила всё небо.
Только пророки, которым не верят,
видят такое.
Только те, кто неправильно взялся за дело,
и всё свершилось стремительно,
как будто их не было вовсе.

Я отчётливо помню, как люди
при виде меня на полслове смолкали.
И смех обрывался.
Расплетались их руки.
Дети бежали к матери.
Я даже не знала их бренных имён.
И ту песенку о зелёном листке
при мне не допели.

Я их любила,
но с горних высот,
поверх жизни,
из будущего, где всегда пустота
и откуда так просто увидеть смерть.
Напрасно мой голос был строгим.
Взгляните со звёзд на себя, я взывала,
взгляните со звёзд!
Они слышали и опускали глаза.

Żyli w życiu.
Podszyci wielkim wiatrem.
Przesądzeni.
Od urodzenia w pożegnalnych ciałach.
Ale była w nich jakaś wilgotna nadzieja,
własną migotliwością sycący się płomyk.
Oni wiedzieli, co to takiego jest chwila,
och bodaj jedna jakakolwiek
zanim —
Wyszło na moje.
Tylko że z tego nie wynika nic.
A to jest moja szatka ogniem osmalona.
A to są moje prorockie rupiecie.
A to jest moja wykrzywiona twarz.
Twarz, która nie wiedziała, że mogła być piękna.

*1966*

Они жили в жизни.
Подхваченные вихрем,
обречённые
от рождения на прощание с телами.
Однако в них влажная билась надежда —
зыбкий мерцающий светлячок.
Они знали, что такое минута —
единственная, любая —
прежде чем
вышло по-моему.
Но в этом нет смысла.
А это мои обгорелые тряпки.
А это весь мой гадательный мусор.
А это моё перекошенное лицо —
лицо, не знавшее, что могло быть прекрасным.

## ŚCIĘCIE

Dekolt pochodzi od decollo,
decollo znaczy ścinam szyję.
Królowa Szkocka Maria Stuart
przyszła na szafot w stosownej koszuli,
koszula była wydekoltowana
i czerwona jak krwotok.

W tym samym czasie
w odludnej komnacie
Elżbieta Tudor Królowa Angielska
stała przy oknie w sukni białej.
Suknia była zwycięsko zapięta pod brodę
i zakończona krochmaloną kryzą.

Myślały chórem:
"Boże zmiłuj się nade mną"
"Słuszność po mojej stronie"
"Żyć czyli zawadzać"
„W pewnych okolicznościach sowa jest córką piekarza"
"To się nigdy nie skończy"
„To się już skończyło"
"Co ja tu robię, tu gdzie nie ma nic".

Różnica stroju — tak, tej bądźmy pewni.
Szczegół
jest niewzruszony.

                                        *1963*

## Казнь

Декольте происходит от decollo,
decollo значит: срезаю шею.
Шотландская королева Мария Стюарт
на плаху взошла в подходящей сорочке,
сорочка была декольтирована
и красного цвета, как рана.

В это же время
в безлюдном покое
Елизавета Тюдор, королева Английская,
к окну подошла в белом платье,
победоносно застёгнутом наглухо,
и с воротником, тугим от крахмала.

Думали обе:
«Смилуйся надо мной, Боже»
«На моей стороне справедливость»
«Жить значит бороться»
«Порой и сова дочкой пекаря станет»
«Когда это кончится»
«Вот и кончилось»
«Что я делаю тут, где нет ничего».

Разница в платьях — да, это верно.
Деталь
неизменна.

## PIETA

W miasteczku, gdzie urodził się bohater,
obejrzeć pomnik, pochwalić, że duży,
spłoszyć dwie kury z progu pustego muzeum,
dowiedzieć się, gdzie mieszka matka,
zapukać, pchnąć skrzypiące drzwi.
Trzyma się prosto, czesze gładko, patrzy jasno.
Powiedzieć, że się przyjechało z Polski.
Pozdrowić. Pytać głośno i wyraźnie.
Tak, bardzo go kochała. Tak, zawsze był taki.
Tak, stała wtedy pod murem więzienia.
Tak, słyszała tę salwę.
Żałować, że nie wzięło się magnetofonu
i aparatu filmowego. Tak, zna te przyrządy.
W radiu czytała jego list ostatni.
W telewizji śpiewała stare kołysanki.
Raz nawet przedstawiała w kinie, aż do łez
wpatrzona w jupitery. Tak, wzrusza ją pamięć.
Tak, trochę jest zmęczona. Tak, to przejdzie.
Wstać. Podziękować. Pożegnać się. Wyjść
mijając w sieni kolejnych turystów.

*1963*

## СОСТРАДАНИЕ

В городке, где герой родился,
надо полюбоваться на памятник,
вспугнуть пару кур от пустого музея,
выяснить, где его мать проживает,
стукнуть, толкнуть заскрипевшую дверь.
Она прямая, с гладкой причёской и ясным взглядом.
Надо сказать ей, что вы из Польши.
Поздороваться. Спрашивать громко и чётко.
Да, очень любила. Да, он всегда был таким.
Да, стояла тогда у тюремной ограды.
Да, она слышала эти залпы.
Извиниться, что нет с собой магнитофона
и кинокамеры. Ей эти штуки знакомы:
читала на радио письмо его — то, последнее.
Для телевидения пела старые колыбельные.
Раз даже в кино снимали — так плакала
от этих юпитеров. Да, она очень тронута.
Да, немного устала. Да, конечно, пройдёт.
Выразить благодарность. Встать. Попрощаться.
Выйти, минуя очередь из туристов.

## NIEWINNOŚĆ

Poczęta na materacu z ludzkich włosów.
Gerda. Eryka. Może Margareta.
Nie wie, naprawdę nie wie o tym nic.
Ten rodzaj wiadomości nie nadaje się
ani do udzielenia, ani do przyjęcia.
Greckie Erynie są zbyt sprawiedliwie.
Drażniłaby nas dzisiaj ich ptasia przesada.

Irma. Brygida. Może Fryderyka.
Ma lat dwadzieścia dwa albo niewiele więcej.
Zna trzy języki obce konieczne w podróżach.
Firma, w której pracuje, poleca na eksport
najlepsze materace tylko z włókien sztucznych.
Eksport zbliża narody.

Berta. Ulryka. Może Hildegarda.
Piękna nie, ale wysoka i szczupła.
Policzki, szyja, piersi, uda, brzuch
w pełnym właśnie rozkwicie i blasku nowości.
Radośnie bosa na plażach Europy
rozpuszcza jasne włosy, długie aż do kolan.

Nie radzę ścinać — powiedział jej fryzjer —
raz ścięte już tak bujnie nie odrosną nigdy.
Proszę mi wierzyć.
To jest rzecz sprawdzona
tausend- und tausendmal.

*1967*

## Невинность

Зачатая на матрасе из человеческих волос,
Эрика, Герда или Маргарита
не знает об этом и впрямь ничего.
Такие сведения не подходят,
чтоб ими делиться или осмыслить.
Эринии слишком уж справедливы:
Сегодня их птичья возня раздражала б.

Ирма, Бригита или Фредерика —
ей двадцать два или чуточку больше.
Знает три языка (для поездок хватает).
Работает в фирме матрасов на экспорт,
прекрасных матрасов из чистой синтетики.
Экспорт сближает народы.

Берта, Ульрика или Хильдегарда —
худая, высокая, хоть не красотка,
но шея, лицо, грудь и бёдра
в полном весеннем расцвете.
Ликует, босая, на пляжах Европы,
волосы длинные — аж до колена.

Стричь не советую, сказал парикмахер,
второй раз такие больше не вырастут.
Уж вы мне поверьте:
это проверено
tausend- und tausendmal.

## DO SERCA W NIEDZIELĘ

Dziękuję ci, serce moje,
że nie marudzisz, że się uwijasz
bez pochlebstw, bez nagrody,
z wrodzonej pilności.

Masz siedemdziesiąt zasług na minutę.
Każdy twój skurcz
jest jak zepchnięcie łodzi
na pełne morze
w podróż dookoła świata.

Dziękuję ci, serce moje,
że raz po raz
wyjmujesz mnie z całości
nawet we śnie osobną.

Dbasz, żebym nie prześniła się na wylot,
na wylot,
do którego skrzydeł nie potrzeba.

Dziękuję ci, serce moje,
że obudziłam się znowu
i chociaż jest niedziela,
dzień odpoczywania,
pod żebrami
trwa zwykły przedświąteczny ruch.

*1963*

## Сердцу — в воскресенье

Спасибо тебе, моё сердце,
что ты не ропщешь, что бьёшься
без похвал, без награды,
по природному долгу.

Семьдесят подвигов за минуту.
Каждый твой спазм —
как толчок от причала
лодки в море,
чтобы плыть вокруг света.

Спасибо тебе, моё сердце,
что ты раз за разом
выносишь меня из всевластья
отдельного сна.

Ты бдишь, чтоб меня не пронзил сон навылет —
на вылет,
который не требует крыльев.

Спасибо тебе, моё сердце,
что я снова проснулась,
и хотя воскресенье —
день отдохновенья,
под рёбрами
длится тот же предпраздничный гон.

## RUCH

Ty tu płaczesz, a tam tańczą.
A tam tańczą w twojej łzie.
Tam się bawią, tam wesoło,
tam nie wiedzą nic a nic.
Omalże migoty luster.
Omalże płomyki świec.
Prawie schodki i krużganki.
Jakby mankiet, jakby gest.
Ten lekkoduch wodór z tlenem.
Te gagatki chlor i sód.
Fircyk azot w korowodach
spadających, wzlatujących,
wirujących pod kopułą.
Ty tu płaczesz, w to im grasz.
Eine kleine Nachtmusik.
Kim jesteś piękna maseczko.

*1967*

## ДВИЖЕНИЕ

Ты здесь плачешь, а там пляшут,
пляшут там в твоих слезах.
Там ликуют, веселятся,
там не знают ничего.
Это зеркала ли отблеск?
Отблеск пламени свечи?
Лестницы и галереи —
взмах случайный или жест?
Дружно спелись хлор и натрий,
их вода лишь разольёт.
Хлыщ-азот — над хороводом
ниспадающим и вверх
вновь взлетающим под купол.
Ты здесь плачешь под их пляс.
Eine kleine Nachtmusik.
Маска, я тебя не знаю.

## WSZELKI WYPADEK

Zdarzyć się mogło.
Zdarzyć się musiało.
Zdarzyło się wcześniej. Później.
Bliżej. Dalej.
Zdarzyło się nie tobie.

Ocalałeś, bo byłeś pierwszy.
Ocalałeś, bo byłeś ostatni.
Bo sam. Bo ludzie.
Bo w lewo. Bo w prawo.
Bo padał deszcz. Bo padał cień.
Bo panowała słoneczna pogoda.

Na szczęście był tam las.
Na szczęście nie było drzew.
Na szczęście szyna, hak, belka, hamulec,
framuga, zakręt, milimetr, sekunda.
Na szczęście brzytwa pływała po wodzie.

Wskutek, ponieważ, a jednak, pomimo.
Co by to było, gdyby ręka, noga,
o krok, o włos
od zbiegu okoliczności.

Więc jesteś? Prosto z uchylonej jeszcze chwili?
Sieć była jednooka, a ty przez to oko?
Nie umiem się nadziwić, namilczeć się temu.
Posłuchaj,
jak mi prędko bije twoje serce.

*1967*

## Всякий случай

Случиться могло ведь.
Случиться должно было.
Случилось раньше. Позже.
Ближе. Дальше.
Случилось — не с тобою.

Ты уцелел, ибо был первым.
Ты уцелел, ибо был последним.
Ибо — один. Ибо — люди.
Ибо — влево. Ибо — вправо.
Ибо шёл дождь. Ибо падала тень.
Ибо солнце на небе сияло.

К счастью, там лес был.
К счастью, был голый луг.
К счастью, рельс, балка, крюк или тормоз,
фрамуга, изгиб, миллиметр, секунда.
К счастью, соломинка плавала рядом.

Итак, потому что, а всё ж, несмотря на.
Что было бы, если б рукою, ногою,
на волос, на шаг
от стечения обстоятельств.

Но ты ведь жив, и минуту пока отменили?
Проскользнул сквозь просвет сети одноглазой?
Не могу надивиться и намолчаться.
Послушай,
как быстро во мне твоё сердце бьётся.

## SPADAJĄCE Z NIEBA

Przemija magia, chociaż wielkie moce
jak były, są. W sierpniowe noce
nie wiesz, czy gwiazda spada, czy rzecz inna.
I nie wiesz, czy to właśnie rzecz, co spaść powinna.
I nie wiesz, czy przystoi bawić się w życzenia,
wróżyć? Z gwiezdnego nieporozumienia?
Tak jakby wciąż stulecie było niedwudzieste?
Który błysk ci przysięgnie: iskra, iskra jestem,
iskra naprawdę z ogona komety,
nic tylko iskra, co łagodnie znika —
to nie ja spadam w jutrzejsze gazety,
to tamta druga, obok, ma defekt silnika.

*1967*

## ПАДЕНИЕ С НЕБА

Волшебство исчезает, хоть его мощи
хватит и нынче. В августе ночью
не знаешь, упала звезда иль иное творенье,
и не знаешь, оно ли именно обречено паденью.
И не знаешь, пристало ль играть в желанья,
гадать из-за звёздного недопонимания?
Так, будто век двадцатый не близко?
Каждый сполох твердит: я искра, искра,
искра как раз из хвоста кометы,
именно искра, что гаснет нескоро —
не я попадаю завтра в газеты:
это рядом, другая, с дефектом мотора.

## POMYŁKA

Rozdzwonił się telefon w galerii obrazów,
rozdzwonił się przez pustą salę o północy;
śpiących, gdyby tu byli, zbudziłby od razu,
ale tu sami tylko bezsenni prorocy,
sami tylko królowie od księżyca bledną
i z tchem zapartym patrzą we wszystko im jedno,
a ruchliwa z pozoru małżonka lichwiarza
akurat w ten dzwoniący przedmiot na kominku,
ale nie, nie odkłada swojego wachlarza,
jak inni pochwycona tkwi na nieuczynku.
Wyniośle nieobecni, w szatach albo nago,
zbywają nocny alarm z nieuwagą,
w której więcej, przysięgam, czarnego humoru,
niż gdyby z ramy zstąpił sam marszałek dworu
(nic zresztą oprócz ciszy w uszach mu nie dzwoni).
A to, że ktoś tam w mieście już od dłuższej chwili
trzyma naiwnie słuchawkę przy skroni
nakręciwszy zły numer? Żyje, więc się myli.

*1967*

# ОШИБКА

Зазвонил телефон в галерее картинной,
зазвонил в тишине он в зале полночном;
спящих бы поднял из-под перины,
но тут лишь пророки бессонные ночью,
лишь короли в лунном свете холодном
смотрят бесстрастно на всё что угодно,
а жена лихоимца, на вид непоседа,
глядит на предмет, что звенит, не смолкает,
но не отдаёт свой веер соседу —
она недвижима, как все, пребывает.
Высокомерно, нагие иль в тогах,
они презирают ночную тревогу,
а чёрного юмора больше в ней, право,
чем если б с портрета сошёл доктор права
(звон тишины лишь забил ему уши).
А что битый час уже кто-то старается
дозвониться и долго наивно слушает,
набрав не тот номер... Живой — ошибается.

## W PRZYTUŁKU

Jabłońska, tej to dobrze, ze wszystkim się godzi,
a jeszcze niby księżna między nami chodzi.
Jeszcze wiąże chusteczki i kręci fryzury —
że trzech synów ma w niebie, to nuż wyjrzy który.

„Gdyby wojnę przeżyli, tobym tu nie była.
Na zimę do jednego, latem do drugiego".
Tak sobie wymyśliła.
Taka pewna tego.

I jeszcze kiwa nad nami tą głową,
i pyta o te nasze niezabite dzieci,
bo ją,
„to by na święta zaprosił ten trzeci".

Pewnie by jeszcze zjechał złocistą karocą
zaprzężoną, a jakże, w białe gołębice,
żeby wszyscy widzieli
i nie zapomnieli.

Aż się czasem uśmieje sama panna Mania,
panna Mania do pielęgnowania,
litość nad nami na stałym etacie
z prawem do wczasów i wolnej niedzieli.

*1964*

## В БОГАДЕЛЬНЕ

Яблоньска — ей тут хорошо, со всем мирится,
а между нами шествует, как царица.
Платочек, брошка, шиньон уложен —
три сына на небе, посмотрим, кто же.


«Вернулись с войны бы, я б тут не торчала.
По полгода жила бы при каждом сыне».
Так себе намечтала.
Так и верит доныне.


И всё головой перед нами качает,
пытая, где наши неубитые дети,
её ведь
«на Рождество пригласил бы тот третий».


Он бы явно приехал в золочёной карете,
в упряжке — а как же! — из белых голубок,
чтобы все увидали
и не забывали.


Иногда усмехнётся сама панна Маня,
сестра патронажная, наша няня,
она нас жалеет на полную ставку,
кроме праздников и воскресенья.

## PROSPEKT

Jestem pastylka na uspokojenie.
Działam w mieszkaniu,
skutkuję w urzędzie,
siadam do egzaminów,
staje na rozprawie,
starannie sklejam rozbite garnuszki —
tylko mnie zażyj,
rozpuść pod językiem,
tylko mnie połknij,
tylko popij wodą.

Wiem, co robić z nieszczęściem,
jak znieść złą nowinę,
zmniejszyć niesprawiedliwość,
rozjaśnić brak Boga,
dobrać do twarzy kapelusz żałobny.
Na co czekasz —
zaufaj chemicznej litości.

Jesteś jeszcze młody (młoda),
powinieneś (powinnaś) urządzić się jakoś.
Kto powiedział, że życie ma być odważnie
przeżyte?
Oddaj mi swoją przepaść —
wymoszczę ją snem,
będziesz mi wdzięczny (wdzięczna)
za cztery łapy spadania.

Sprzedaj mi swoją duszę.
Inny się kupiec nie trafi.

Innego diabła już nie ma.

*1971*

138

## РЕКЛАМА

Я таблетка от всех треволнений.
Я действую дома,
работаю в офисе,
сдаю экзамен,
в суде выступаю,
старательно склею разбитые чашки –
только прими меня:
в рот и за щёку,
только сглотни,
только выпей водички.

Я знаю, что делать с несчастьем,
как принять злую новость,
смягчить несправедливость,
обходиться без Бога,
шляпку для траура выбрать со вкусом.
Что же ты медлишь? —
доверься химии милосердной.

Ты ещё молодой (молодая),
должен (должна) приспособиться как-то.
Кто сказал, что прожить тебе надо
не дрогнув?
Отдай мне свою бездну —
устелю её сном я,
ты мне скажешь спасибо,
приземлившись надёжно.

Продай мне свою душу.
Кто ж ещё её купит.

Другого дьявола нет уж.

## POWROTY

Wrócił. Nic nie powiedział.
Było jednak jasne, że spotkała go przykrość.
Położył się w ubraniu.
Schował głowę pod kocem.
Podkurczył kolana.
Ma około czterdziestki, ale nie w tej chwili.
Jest — ale tylko tyle, ile w brzuchu matki
za siedmioma skórami, w obronnej ciemności.
Jutro wygłosi odczyt o homeostazie
w kosmonautyce metagalaktycznej.
Na razie zwinął się, zasnął.

*1971*

## ВОЗВРАЩЕНИЕ

Он воротился. Ничего не рассказывал.
Но было понятно: случилось плохое.
Он лёг в одежде.
Сунул голову под одеяло.
Подогнул колени.
Ему лет сорок, но не в эту минуту.
Сейчас он лежит в материнской утробе
под семью пеленами, в спасительном мраке.
Он завтра доложит о гомеостазе
в пространстве метагалактики.
Сейчас он свернулся клубочком, уснул.

## Szkielet jaszczura

Kochani Bracia,
widzimy tutaj przykład złych proporcji:
oto szkielet jaszczura piętrzy się przed nami —

Drodzy Przyjaciele,
na lewo ogon w jedną nieskończoność,
na prawo szyja w drugą —

Szanowni Towarzysze,
pośrodku cztery łapy, co ugrzęzły w mule
pod pagórem tułowia —

Łaskawi Obywatele,
przyroda się nie myli, ale lubi żarty:
proszę zwrócić uwagę na tę śmieszną główkę —

Panie, Panowie,
taka główka niczego nie mogła przewidzieć
i dlatego jest główką wymarłego gada —

Czcigodni Zgromadzeni,
za mało mózgu, za duży apetyt,
więcej głupiego snu niż mądrej trwogi —

Dostojni Goście,
pod tym względem jesteśmy w dużo lepszej formie,
życie jest piękne i ziemia jest nasza —

Wyborni Delegaci,
niebo gwiaździste nad myślącą trzciną,
prawo moralne w niej —

## СКЕЛЕТ ЯЩЕРА

Милые братья,
мы видим пример неверной пропорции:
скелет ящера высится перед нами —

Дорогие друзья,
слева хвост в одну бесконечность,
справа шея в другую —

Уважаемые товарищи,
посредине четыре лапы, увязшие в глине
под тяжестью туши —

Любезные граждане,
природа не ошибается, но любит шутки:
посмотрите на эту смехотворную голову —

Дамы и господа,
такая головка ничего предсказать не умела,
поэтому её обладатель и вымер —

Почтенная публика,
при маленьком мозге аппетит прибывает,
больше глупого сна, чем мудрого страха —

Достопочтенные гости,
в этом смысле мы с вами в куда лучшей форме,
мир принадлежит нам, и жизнь прекрасна —

Многоуважаемые делегаты,
звёздное небо над мыслящим тростником,
и нравственный закон внутри него —

Prześwietna Komisjo,
udało się raz
i może tylko pod tym jednym słońcem —

Naczelna Rado,
jakie zręczne ręce,
jakie wymowne usta,
ile głowy na karku —

Najwyższa Instancjo,
cóż za odpowiedzialność na miejsce ogona —

*1969*

Досточтимая комиссия,
один раз получилось
и, возможно, под этим лишь солнцем —

Члены Верховного совета,
какие умелые руки,
каково красноречие,
а башковитость —

Высшая инстанция,
какая ответственность на месте хвоста —

## Pogoń

Wiem, że powita mnie cisza, a jednak.
Nie wrzawa, nie fanfary, nie poklask, a jednak.
Ani dzwony na trwogę, ani sama trwoga.

Nie liczę nawet na listeczek suchy,
cóż mówić o pałacach srebrnych i ogrodach,
czcigodnych starcach, sprawiedliwych prawach,
mądrości w kulach z kryształu, a jednak.

Rozumiem, że nie po to chodzę po księżycu,
żeby szukać pierścionków, pogubionych wstążek.
Oni wszystko zawczasu zabierają z sobą.

Niczego, co by mogło świadczyć, że.
Śmieci, gratów, obierków, szpargałów, okruszyn,
odłamków, wiórków, stłuczków, ochłapów, rupieci.

Ja, naturalnie, schylam się tylko po kamyk,
z którego nie odczytam, dokąd się udali.
Nie lubią mi zostawiać znaku.
Są niezrównani w sztuce zacierania śladów.

Od wieków znam ich talent do znikania w porę,
ich boską nieuchwytność za rogi, za ogon,
za rąbek szatki rozdętej w odlocie.
Nigdy im włos nie spadnie z głowy, abym miał.

Wszędzie o myśl chytrzejsi niż ja sam,
zawsze o krok przede mną nim dobiegnąć zdążę,
wystawiany szyderczo na trudy pierwszeństwa.

# Погоня

Я знаю, что встретит меня тишина, а всё же.
Без волнений, фанфар, без оваций, а всё же.
Без предчувствий тревоги и без тревоги.

Не рассчитывал я даже на сухой листик,
что уж там о садах говорить и о замках,
о старцах достойных, о честных законах,
о шаре хрустальном, где мудрость, а всё же.

Я знаю: хожу по Луне не затем я,
чтоб искать, где потеряны ленты и кольца.
Они загодя всё уносят с собою.

Ничего, что могло б свидетельствовать о:
мусора, крошек, обломков, верёвок, обёрток,
гильз, объедков, лохмотьев, скорлупок, окурков.

Я, естественно, лишь наклоняюсь за камнем,
по нему не понятно, куда они все подевались —
они не хотят мне оставить приметы.
В мастерстве заметанья следов нет им равных.

Давно знаю талант их вовремя сгинуть,
их неуловимость — за рог не ухватишь,
за хвост и за полу летящей одежды.
Волосок с головы не спадёт, чтоб остался.

На мысль быстрее, чем я, и хитрее,
они меня вечно на шаг обгоняли
и бременем первенства вечно дразнили.

Nie ma ich, nigdy nie było, a jednak
muszę to sobie raz po raz powtarzać,
starać się nie być dzieckiem, któremu się zdaje.

A to, co mi spod nóg tak nagle uskoczyło,
nie uskoczyło daleko, bo przydeptane upadło,
i choć wyrywa się jeszcze
i wydaje ze siebie przeciągłe milczenie,
to cień — nazbyt mój własny, bym czuł się u celu.

*1970*

Их нет, их и не было сроду, а всё же
я повторяю себе раз за разом
не быть ребёнком, которому мнится.

А то, что вдруг прыгнуло прямо под ноги,
далеко не ускачет из-под подошвы,
хотя ещё бьётся,
исходя продолжительным тяжким молчаньем,
это тень — она слишком моя, чтобы я был у цели.

## PRZEMÓWIENIE
### W BIURZE ZNALEZIONYCH RZECZY

Straciłam kilka bogiń w drodze z południa na północ,
a także wielu bogów w drodze ze wschodu na zachód.
Zgasło mi raz na zawsze parę gwiazd, rozstąp się niebo.
Zapadła mi się w morze wyspa jedna, druga.
Nie wiem nawet dokładnie, gdzie zostawiłam pazury,
kto chodzi w moim futrze, kto mieszka w mojej skorupie.
Pomarło mi rodzeństwo, kiedy wypełzłam na ląd
i tylko któraś kostka świętuje we mnie rocznicę.
Wyskakiwałam ze skóry, trwoniłam kręgi i nogi,
odchodziłam od zmysłów bardzo dużo razy.
Dawno przymknęłam na to wszystko trzecie oko,
machnęłam na to płetwą, wzruszyłam gałęziami.

Podziało się, przepadło, na cztery wiatry rozwiało.
Sama się sobie dziwię, jak mało ze mnie zostało:
pojedyncza osoba w ludzkim chwilowo rodzaju,
która tylko parasol zgubiła wczoraj w tramwaju.

*1970*

# РЕЧЬ
## В БЮРО НАХОДОК

Я пару богинь потеряла по пути с юга на север
и много богов по пути с востока на запад.
Несколько звёзд навсегда погасло, часть неба.
Острова, один и другой, затонули в море.
Я даже не знаю точно, где оставила когти,
кто живёт в моей скорлупе, кто мою шкуру носит.
Умерли братья, сёстры, когда я ползла на сушу,
лишь хрящик какой-то во мне празднует годовщину.
Я выдиралась из кожи, позвонки теряя и ноги,
и лишалась рассудка неоднократно.
Я давно закрыла свой третий глаз на всё это
и плавником махнула, кроной качая.

Свершилось, ушло, поганой метлой разметалось.
Сама удивляюсь, как мало от меня осталось:
в данный момент — особь рода людского, каковая
потеряла всего лишь зонт, выходя из трамвая.

## URODZINY

Tyle naraz świata ze wszystkich stron świata:
moreny, mureny i morza i zorze
i ogień i ogon i orzeł i orzech —
jak ja to ustawię, gdzie ja to położę?
Te chaszcze i paszcze i leszcze i deszcze,
bodziszki, modliszki — gdzie ja to pomieszczę?
Motyle, goryle, beryle i trele —
dziękuję, to chyba o wiele za wiele,
Do dzbanka jakiego tam łopian i łopot
i łubin i popłoch i przepych i kłopot?
Gdzie zabrać kolibra, gdzie ukryć to srebro,
co zrobić na serio z tym żubrem i zebrą?
Już taki dwutlenek rzecz ważna i droga,
a tu ośmiornica i jeszcze stonoga!
Domyślam się ceny, choć cena z gwiazd zdarta —
dziękuję, doprawdy nie czuję się warta.
Nie szkoda to dla mnie zachodu i słońca?
Jak ma się w to bawić osoba żyjąca?
Na chwilę tu jestem i tylko na chwilę:
co dalsze przeoczę, a resztę pomylę.
Nie zdążę wszystkiego odróżnić od próżni.
Pogubię te bratki w pośpiechu podróżnym.
Już choćby najmniejszy — szalony wydatek:
fatyga łodygi i listek i płatek
raz jeden w przestrzeni, od nigdy, na oślep,
wzgardliwie dokładny i kruchy wyniośle.

*1969*

## День рождения

Такой щедрый мир со всех сторон света:
морены, мурены, закаты, рассветы,
и осень, и ясень, и лебедь, и лето,
но где уложить мне, скажите, всё это?
И хворост, и хвост, и кораллы, и скалы,
и крокус, и фикус — но места-то мало?
Гориллы, бериллы, форели и трели —
хватит, спасибо — вошло еле-еле.
В кувшин, что ли, сунуть лопух и смятенье,
и трепет, и роскошь, и сердцебиенье?
Куда серебро, где держать попугая,
и зубра, и зебру? — я изнемогаю.
На что диоксид очень важен для жизни,
а тут осьминог и безногие слизни!
Могу лишь гадать, ибо содраны цены,
но я недостойна: ведь звёзды бесценны.
Не жаль для меня вам закатного света?
Живой человек разве шутит про это?
Я здесь на минуту, всего на минуту:
что дальше — не знаю, другое — забуду,
я зёрна от плевел уже не отсею,
фиалки в дорожной сгублю эпопее.
На каждый пустяк — сумасшедшие траты:
вдруг стебель погнулся и листья помяты,
останется в хаосе тьмы лепесточек —
хрупок и горд, и презрительно чёток.

## ZNIERUCHOMIENIE

Miss Duncan, tancerka,
jaki tam obłok, zefirek, bachantka,
blask księżyca na fali, kołysanie, tchnienie.

Kiedy tak stoi w atelier fotograficznym,
z ruchu, z muzyki—ciężko, cieleśnie wyjęta,
na pastwę pozy porzucona,
na fałszywe świadectwo.

Grube ramiona wzniesione nad głową,
węzeł kolana spod krótkiej tuniki,
lewa noga do przodu, naga stopa, palce,
5 (słownie pięć) paznokci.

Jeden krok z wiecznej sztuki w sztuczną wieczność—
z trudem przyznaję, że lepszy niż nic
i słuszniejszy niż wcale.

Za parawanem różowy gorset, torebka,
w torebce bilet na statek parowy,
odjazd nazajutrz, czyli sześćdziesiąt lat temu;
już nigdy, ale za to punkt dziewiąta rano.

*1967*

## Обездвиженность

Мисс Дункан, танцорка —
какой там зефир, дуновенье, вакханка,
лунный блеск на волне, вздох, колыханье,

когда так стоит она перед фотографом,
из движенья, из музыки вырвана жёстко,
в навязанной позе,
для правдоподобья без правды.

Сильные руки над головою,
из-под туники — узел колена,
левой босою стопою вперёд, видны пальцы,
5 ногтей (прописью: пять).

Один шаг из искусства в искусственность —
признаю неохотно: лучше чем ничего,
чтоб осталось хоть что-то.

За ширмой корсет розоватый и сумка,
в сумке билет пароходный на завтра,
то есть на шестьдесят лет назад;
уже никогда, поутру, ровно в девять.

## POCHWAŁA SNÓW

We śnie
maluję jak Vermeer van Delft.

Rozmawiam biegle po grecku
i nie tylko z żywymi.

Prowadzę samochód,
który jest mi posłuszny.

Jestem zdolna,
piszę wielkie poematy.

Słyszę głosy
nie gorzej niż poważni święci.

Bylibyście zdumieni
świetnością mojej gry na fortepianie.

Fruwam, jak się powinno,
czyli sama z siebie.

Spadając z dachu,
umiem spaść miękko w zielone.

Nie jest mi trudno
oddychać pod wodą.

Nie narzekam:
udało mi się odkryć Atlantydę.

Cieszy mnie, że przed śmiercią
zawsze potrafię się zbudzić.

## Похвальное слово снам

Во сне
я рисую, как Вермеер Делфтский.

Я беседую бегло на греческом,
и не только с живыми.

Вожу я машину,
и она мне послушна.

Дан талант мне,
пишу я большие поэмы.

Слышу я голоса,
и не хуже великих святых.

Вы бы все восхитились
от игры моей на фортепьяно.

Я свободно летаю,
словно так и должно быть.

Падая с крыши,
опускаюсь я мягко на зелень.

Мне вовсе не трудно
дышать под водою.

Я не жалуюсь:
удалось мне открыть Атлантиду.

Рада, что перед смертью
я сумею всегда пробудиться.

Natychmiast po wybuchu wojny
odwracam się na lepszy bok.

Jestem, ale nie muszę
być dzieckiem epoki.

Kilka lat temu
widziałam dwa słońca.

A przedwczoraj pingwina.
Najzupełniej wyraźnie.

*1972*

С первым взрывом войны
лягу на бок удобней.

Я дитя эпохи,
хоть и не безусловно.

Ещё я когда-то
увидала два солнца.

А вчера вот — пингвина,
поразительно чётко.

## PODZIĘKOWANIE

Wiele zawdzięczam
tym, których nie kocham.

Ulgę, z jaką się godzę,
że bliżsi są komu innemu.

Radość, że nie ja jestem
wilkiem ich owieczek.

Pokój mi z nimi
i wolność mi z nimi,
a tego miłość ani dać nie może,
ani brać nie potrafi.

Nie czekam na nich
od okna do drzwi.
Cierpliwa
prawie jak słoneczny zegar,
rozumiem,
czego miłość nie rozumie,
wybaczam,
czego miłość nie wybaczyłaby nigdy.

Od spotkania do listu
nie wieczność upływa,
ale po prostu kilka dni albo tygodni.

Podróże z nimi zawsze są udane,
koncerty wysłuchane,
katedry zwiedzone,
krajobrazy wyraźne.

## БЛАГОДАРНОСТЬ

Я так благодарна
тем, кого не люблю я.

Мне легко от того,
что другим они ближе.

Я не волк их овечкам,
и мне это приятно.

Мне с ними спокойно,
мне с ними свободно —
такое любовь и дать мне не может,
да и взять не сумеет.

И я не жду их,
стоя у двери.
Я терпелива,
как солнце на небе,
я понимаю,
что любви не понятно,
я прощаю,
что любовь не простила б.

От встречи до письма
проходит не вечность,
а лишь несколько дней иль неделя.

С ними поездки всегда удаются:
концерты прослушаны,
соборы осмотрены,
пейзажи прекрасны.

A kiedy nas rozdziela
siedem gór i rzek,
są to góry i rzeki
dobrze znane z mapy.

Ich jest zasługą,
jeżeli żyję w trzech wymiarach,
w przestrzeni nielirycznej i nieretorycznej,
z prawdziwym, bo ruchomym horyzontem.

Sami nie wiedzą,
ile niosą w rękach pustych.

„Nic im nie jestem winna" —
powiedziałaby miłość
na ten otwarty temat.

*1975*

А когда разлучат нас
семь гор и семь рек —
это горы и реки
известны из карты.

Это их заслуга,
что в трёх измереньях живу я,
в пространстве не лирики и не риторики,
с реальным — движущимся — горизонтом.

Они сами не знают,
сколько носят их руки пустые.

«Я ничего не должна им», —
любовь бы сказала
на эту открытую тему.

# Żona Lota

Obejrzałam się podobno z ciekawości.
Ale prócz ciekawości mogłam mieć inne powody.
Obejrzałam się z żalu za miską ze srebra.
Przez nieuwagę — wiążąc rzemyk u sandała.
Aby nie patrzeć dłużej w sprawiedliwy kark
męża mojego, Lota.
Z nagłej pewności, że gdybym umarła,
nawet by nie przystanął.
Z nieposłuszeństwa pokornych.
W nadsłuchiwaniu pogoni.
Tknięta ciszą, w nadziei, że Bóg się rozmyślił.
Dwie nasze córki znikały już za szczytem wzgórza.
Poczułam w sobie starość. Oddalenie.
Czczość wędrowania. Senność.
Obejrzałam się kładąc na ziemi tobołek.
Obejrzałam się z trwogi, gdzie uczynić krok.
Na mojej ścieżce zjawiły się węże,
pająki, myszy polne i pisklęta sępów.
Już ani dobre, ani złe — po prostu wszystko, co żyło,
pełzało i skakało w gromadnym popłochu.
Obejrzałam się z osamotnienia.
Ze wstydu, że uciekam chyłkiem.
Z chęci krzyku, powrotu.
Albo wtedy dopiero, gdy zerwał się wiatr,
rozwiązał włosy moje i suknię zadarł do góry.
Miałam wrażenie, że widzą to z murów Sodomy
i wybuchają gromkim śmiechem, raz i jeszcze raz.
Obejrzałam się z gniewu.
Aby nasycić się ich wielką zgubą.
Obejrzałam się z wszystkich podanych wyżej powodów.
Obejrzałam się bez własnej woli.
To tylko głaz obrócił się, warcząc pode mną.
To szczelina raptownie odcięła mi drogę.

## Жена Лота

Я обернулась, пожалуй, из любопытства.
Могли, впрочем, быть и другие причины.
Обернулась, жалея о серебряной чаше.
Случайно — завязать ремешок у сандалии.
Чтоб не смотреть в непреклонный затылок
мужа моего, Лота.
Из внезапного знания, что умри я,
он бы шаг не замедлил.
Из-за упрямства покорных.
Прислушиваясь к погоне.
Тишиной обманувшись: вдруг Бог передумал?
Две наши дочери скрылись уже за холмами.
Я старость в себе ощутила. Отстранённость.
Тщету скитанья. Сонливость.
Обернулась, кладя узелок свой на землю.
Обернулась в тревоге: куда ногу поставить.
На тропинке моей появились вдруг змеи,
пауки, птенцы грифов и мыши-полёвки.
Не злые, не добрые — просто всё живое
ползло и прыгало в страшном смятенье.
Я обернулась от одиночества.
От стыда, что сбегаю украдкой,
от желания крикнуть, вернуться.
Либо когда только ветер поднялся,
взлохматил причёску и платье задрал мне.
Это видели, верно, со стен Содома,
громким хохотом снова и снова взрывались.
Я обернулась от гнева,
чтоб насладиться их гибелью страшной.
Я обернулась из-за всех перечисленных выше причин.
Я обернулась не по своей воле.
Это камень ушёл из-под ног моих с рокотом.
Это трещина путь мне отрезала дальше.

165

Na brzegu dreptał chomik wspięty na dwóch łapkach.
I wówczas to oboje spojrzeliśmy wstecz.
Nie, nie. Ja biegłam dalej,
czołgałam się i wzlatywałam,
dopóki ciemność nie runęła z nieba,
a z nią gorący żwir i martwe ptaki.
Z braku tchu wielokrotnie okręcałam się.
Kto mógłby to zobaczyć, myślałby, że tańczę.
Nie wykluczone, że oczy miałam otwarte.
Możliwe, że upadłam twarzą zwróconą ku miastu.

*1973*

По краю топтался хомяк на двух лапках.
И потом мы с ним оба посмотрели назад.
Нет, нет. Я мчалась дальше,
я ползла и взлетала
до тех пор пока тьма низринулась с неба,
и горячий песок, и мёртвые птицы.
Я дышать не могла и всё время кружилась.
Если бы кто-то видел, решил бы — танцую.
Возможно, глаза мои были открыты.
Может быть, я упала, обратив лицо к городу.

## SEN STAREGO ŻÓŁWIA

Śni się żółwiowi listek sałaty,
a koło listka — sam Cesarz, znienacka,
zaistniał żywy jak przed stu iks laty.
Żółw nawet nie wie, jaka to sensacja.

Cesarz zaistniał co prawda nie cały,
w czarnych trzewikach przegląda się słońce,
wyżej dwie łydki, zgrabne dość, w pończochach białych.
Żółw nawet nie wie, że to wstrząsające.

Dwie nogi na przystanku z Austerlitz do Jeny,
a w górze mgła, skąd śmiechu słychać terkot.
Możecie wątpić w prawdziwość tej sceny
i czy cesarski ten trzewik z klamerką.

Trudno osobę poznać po fragmentach:
po stopie prawej albo stopie lewej.
Żółw niezbyt wiele z dzieciństwa pamięta
i kogo wyśnił — nie wie.

Cesarz nie Cesarz. Czy przez to się zmienia
fenomen snu żółwiego? Ktoś, postać nieznana,
potrafił urwać się na chwilkę z zatracenia
i światem się przemyka! Od pięt po kolana.

*1974*

## СОН СТАРОЙ ЧЕРЕПАХИ

Черепахе приснился листик салата,
а рядом император, совсем уж нежданно —
живой, хоть лет прошло многовато.
Черепаха даже не озадачена.

Правда, от императора лишь половинка:
в белых чулках стройные ноги,
солнце сияет в чёрных ботинках.
Черепаха даже от ног не в шоке.

Две ноги на привале от Аустерлица до Йены,
а сверху, где мгла, хохот слышится смачный.
Можете сомневаться в правдивости сцены
и носил император ли пряжки башмачные.

Трудно кого-то узнать по фрагментам:
по левой ноге или даже по правой.
Черепаха из детства лишь помнит моменты
и кто ей снился, не знает, право.

Император иль нет… Разве это изменит
сон черепахи необыкновенный?
Некто прорвался на миг из забвенья
и в мир прошмыгнул! От стоп до колена.

## Portret kobiecy

Musi być do wyboru.
Zmieniać się, żeby tylko nic się nie zmieniło.
To łatwe, niemożliwe, trudne, warte próby.
Oczy ma, jeśli trzeba, raz modre, raz szare,
czarne, wesołe, bez powodu pełne łez.
Śpi z nim jak pierwsza z brzegu, jedyna na świecie.
Urodzi mu czworo dzieci, żadnych dzieci, jedno.
Naiwna, ale najlepiej doradzi.
Słaba, ale udźwignie.
Nie ma głowy na karku, to będzie ją miała.
Czyta Jaspersa i pisma kobiece.
Nie wie po co ta śrubka i zbuduje most.
Młoda, jak zwykle młoda, ciągle jeszcze młoda.
Trzyma w rękach wróbelka ze złamanym skrzydłem,
własne pieniądze na podróż daleką i długą,
tasak do mięsa, kompres i kieliszek czystej.
Dokąd tak biegnie, czy nie jest zmęczona.
Ależ nie, tylko trochę, bardzo, nic nie szkodzi.
Albo go kocha, albo się uparła.
Na dobre, na niedobre i na litość boską.

*1976*

## Портрет женщины

Ты должна измениться,
для того чтоб ничто не менялось.
Это легко, невозможно, трудно, стоит попытки.
Глаза, если надо, то синие, то серые,
чёрные, весёлые, в беспричинных слезах.
Спи с ним, как первая встречная, единственная.
Роди четверых детей, никого, одного.
Наивная, дай наилучший совет.
Слабой будь, но двужильной.
Если нет головы на плечах, позаботься.
Канта читай и журналы для дам.
Что за винтик, не знаешь — и выстроишь мост.
Молода — как всегда, молода — всё ещё молода,
с подбитым воробышком в нежных ладонях,
деньги в кармане для долгой дороги,
компресс, мясорубка и водки рюмашка.
Куда ты бежишь, разве ты не устала?
Да нет. Ну, немножко, ужасно, не страшно.
То ли так любишь его, то ль упряма —
на счастье, на горе — да ради бога.

## POKÓJ SAMOBÓJCY

Myślicie pewnie, że pokój był pusty.
A tam trzy krzesła z mocnym oparciem.
Tam lampa dobra przeciw ciemności.
Biurko, na biurku portfel, gazety.
Budda niefrasobliwy, Jezus frasobliwy.
Siedem słoni na szczęście, a w szufladzie notes.
Myślicie, że tam naszych adresów nie było?

Brakło, myślicie, książek, obrazów i płyt?
A tam pocieszająca trąbka w czarnych rękach.
Saskia z serdecznym kwiatkiem.
Radość iskra bogów.
Odys na półce w życiodajnym śnie
po trudach pieśni piątej.
Moraliści,
nazwiska wypisane złotymi zgłoskami
na pięknie garbowanych grzbietach.
Politycy tuż obok trzymali się prosto.

I nie bez wyjścia, chociażby przez drzwi,
nie bez widoków, chociażby przez okno,
wydawał się ten pokój.
Okulary do spoglądania w dal leżały na parapecie.
Brzęczała jedna mucha, czyli żyła jeszcze.

Myślicie, że przynajmniej list wyjaśniał coś.
A jeżeli wam powiem, że listu nie było —
i tylu nas, przyjaciół, a wszyscy się pomieścili
w pustej kopercie opartej o szklankę.

*1973*

## Комната самоубийцы

Вы, наверно, решили, что в комнате пусто.
А там три стула с прочными спинками,
там лампа отличная против мрака,
секретер; а на нём бумажник, газеты,
Будда беспечный, Иисус удручённый,
на счастье семь слоников и блокнот в ящике.
Думаете, там адресов наших не было?

Решили, что нет книг, картин и пластинок?
А там в чёрных руках труба глаз ласкает.
Саския с милым цветочком.
Радость — искра богов.
Одиссей на полке во сне животворном
после невзгод Песни пятой.
Моралисты —
имена, тиснёные золотом
на изящно выгнутых корешках.
Рядом вытянулись политики.

И не то чтоб без выхода, хоть через двери,
не без пейзажей, хотя бы в окошке,
была эта комната.
Очки, чтоб в даль смотреть, лежали на подоконнике.
Муха жужжала, то есть жила ещё.

Думаете, письмо что-нибудь объяснило.
А если скажу вам, что письма не было —
и всё множество нас, друзей, уместилось
в пустом конверте, прислонённом к стакану.

## ŻYCIE NA POCZEKANIU

Życie na poczekaniu.
Przedstawienie bez próby.
Ciało bez przymiarki.
Głowa bez namysłu.

Nie znam roli, którą gram.
Wiem tylko, że jest moja, niewymienna.

O czym jest sztuka,
zgadywać muszę wprost na scenie.

Kiepsko przygotowana do zaszczytu życia
narzucone mi tempo akcji znoszę z trudem.
Improwizuję, choć brzydzę się improwizacją.
Potykam się co krok o nieznajomość rzeczy.
Mój sposób bycia zatrąca zaściankiem.
Moje instynkty to amatorszczyzna.
Trema, tłumacząc mnie, tym bardziej upokarza.
Okoliczności łagodzące odczuwam jako okrutne.

Nie do cofnięcia słowa i odruchy,
nie doliczone gwiazdy,
charakter jak płaszcz w biegu dopinany —
oto żałosne skutki tej nagłości.

Gdyby choć jedną środę przećwiczyć zawczasu
albo choć jeden czwartek raz jeszcze powtórzyć!
A tu już piątek nadchodzi z nie znanym mi scenariuszem.
Czy to w porządku — pytam
(z chrypką w głosie,
bo nawet mi nie dano odchrząknąć za kulisami).

## Жизнь экспромтом

Жизнь в ожиданье.
Спектакль без репетиции.
Тело без примерки.
Голова без раздумий.

Ту роль, что играю, я не учила,
Но знаю: моя, без права замены.

Содержание пьесы
лишь на сцене должна угадать я.

Плохо готовая к почести жизни,
я навязанный темп с трудом принимаю.
Ненавидя экспромты, я играю экспромтом.
Что ни шаг, спотыкаюсь о неведенье жизни.
Жизнь, которой живу я, на заводь похожа.
Инстинкты мои — дилетантство.
Объяснённый, страх сцены вдвойне унижает.
Даже что мне на благо ощущаю жестоким.

Необратимы слова и порывы,
не досчитаны звёзды,
характер — как плащ, застёгнутый в спешке, —
плачевны последствия суматохи.

Если б хоть одну среду для репетиции
или б один четверг для повторной!
Но близится пятница с неизвестным сценарием.
Разве это нормально? —
я даже охрипла
(мне не дали откашляться за кулисами).

Złudna jest myśl, że to tylko pobieżny egzamin
składany w prowizorycznym pomieszczeniu. Nie.
Stoję wśród dekoracji i widzę, jak są solidne.
Uderza mnie precyzja wszelkich rekwizytów.
Aparatura obrotowa działa od długiej już chwili.
Pozapalane zostały najdalsze nawet mgławice.
Och, nie mam wątpliwości, że to premiera.
I cokolwiek uczynię,
zamieni się na zawsze w to, co uczyniłam.

*1974*

Сомневаюсь, что это лишь беглый экзамен,
устроенный где-то во временном месте; нет.
Стоя меж декораций, я вижу их прочность.
Меня поражает точность всех реквизитов.
Аппарат поворотный включён уже долго.
Туманность вдали подсвечена ярко.
Ох, я уверена: это премьера.
И всё, что совершу я,
навсегда превратится в то, что я совершила.

## ODZIEŻ

Zdejmujesz, zdejmujemy, zdejmujecie
płaszcze, żakiety, marynarki, bluzki
z wełny, bawełny, elanobawełny,
spódnice, spodnie, skarpetki, bieliznę,
kładąc, wieszając, przerzucając przez
oparcia krzeseł, skrzydła parawanów;
na razie, mówi lekarz, to nic poważnego,
proszę się ubrać, odpocząć, wyjechać,
zażywać w razie gdyby, przed snem, po jedzeniu,
pokazać się za kwartał, za rok, za półtora;
widzisz, a ty myślałeś, a myśmy się bali,
a wyście przypuszczali, a on podejrzewał;
czas już wiązać, zapinać drżącymi jeszcze rękami
sznurowadła, zatrzaski, suwaki, klamerki,
paski, guziki, krawaty, kołnierze
i wyciągać z rękawów, z torebek, z kieszeni
wymięty, w kropki, w paski, w kwiatki, w kratkę szalik
o przedłużonej nagle przydatności.

*1980*

178

## Одежда

Снимаешь, снимаем, снимаете
плащи, пиджаки, жакеты, блузки —
из шерсти, из хлопка, из полистирола,
юбки, брюки, носки, исподнее,
кладя, вешая, перекидывая через
подлокотники кресел и ширмы;
пока что, говорит врач, ничего серьёзного,
можно одеться, отдохнуть, уехать,
принимать, если надо, перед сном, после ужина,
прийти через три месяца, год, полтора года;
вот видишь, а ты думал, а мы боялись,
а вы допускали, а он заподозрил;
пора завязать, застегнуть ещё дрожащими руками
шнурки, кнопки, молнии, заклёпки,
пуговицы, воротники, галстуки, тесёмки
и вытаскивать из рукавов, сумок, кармана
измятый — в горошек, в полоску, в клетку — шарфик,
с нежданно продлённым сроком годности.

## DOM WIELKIEGO CZŁOWIEKA

Wypisano w marmurze złotymi zgłoskami:
Tu mieszkał i pracował, i zmarł wielki człowiek.
Te ścieżki osobiście posypywał żwirem.
Tę ławkę—nie dotykać—sam wykuł z kamienia.
I—uwaga, trzy schodki—wchodzimy do wnętrza.

Jeszcze w stosownym czasie zdążył przyjść na świat.
Wszystko, co miało mijać, minęło w tym domu.
Nie w blokach,
nie w metrażach umeblowanych a pustych,
wśród nieznanych sąsiadów,
na piętnastych piętrach,
dokąd trudno by było wlec wycieczki szkolne.

W tym pokoju rozmyślał,
w tej alkowie spał,
a tu przyjmował gości.
Portrety, fotel, biurko, fajka, globus, flet,
wydeptany dywanik, oszklona weranda.
Stąd wymieniał ukłony z krawcem albo szewcem,
co szyli mu na miarę.

To nie to samo, co fotografie w pudełkach,
zeschnięte długopisy w plastykowym kubku,
konfekcja z magazynu w szafie z magazynu,
okno, skąd lepiej widzi się chmury niż ludzi.

Szczęśliwy? Nieszczęśliwy?
Nie o to tu chodzi.
Jeszcze zwierzał się w listach,
bez myśli, że po drodze zostaną otwarte.

## Дом великого человека

Золотом выбита надпись на мраморе:
«Здесь жил, работал и умер великий человек».
Эти дорожки он лично посыпал гравием.
Эту скамейку — не трогать — высек из камня.
И — осторожно, ступеньки — мы входим.

Он родился ещё в подходящее время.
Всё, чему быть суждено, в этом доме и было.
Не в корпусах,
где квартиры, забитые мебелью, пусты,
среди незнакомых соседей,
не на -надцатом этаже,
куда не затащишь экскурсии школьников.

В этой комнате он размышлял,
спал в том алькове,
здесь встречался с гостями.
Кресло, портреты, глобус, трубка и флейта,
вытоптанный ковёр, стёкла веранды.
Он отсюда здоровался с портным иль сапожником,
у которых заказывал.

Это вовсе не то, что снимки в коробках,
мёртвые авторучки в стакане,
гардероб магазинный в шкафу магазинном,
окно, из которого тучи видны, а не люди.

Был он счастлив? Несчастлив?
Не в этом же дело.
Ещё откровенен он был в своих письмах,
не зная, что их по пути прочитают.

Prowadził jeszcze dziennik dokładny i szczery,
bez lęku, że go straci przy rewizji.
Najbardziej niepokoił go przelot komety.
Zagłada świata była tylko w rękach Boga.

Udało mu się umrzeć jeszcze nie w szpitalu,
za białym parawanem nie wiadomo którym.
Był jeszcze przy nim ktoś, kto zapamiętał
wymamrotane słowa.

Jakby przypadło mu w udziale życie
wielokrotnego użytku:
książki słał do oprawy,
nie wykreślał z notesu nazwisk osób zmarłych.
A drzewa, które sadził w ogrodzie za domem,
rosły mu jeszcze jako *juglans regia*
i *quercus rubra* i *ulmus* i *larix*
i *fraxinus excelsior*.

*1981*

Ещё вёл он дневник честный и точный,
не боясь, что при обыске его лишится.
Его очень тревожил пролёт кометы.
Гибель мира была только в руках у Бога.

Сумел умереть он ещё не в больнице,
за белою ширмой, неизвестно какою.
Был ещё при нём кто-то, кто и запомнил
его бормотанье.

Словно судьба ему подарила
шанс многоразовой жизни:
он отдавал в переплёт свои книги,
не вычёркивал в книжечке имена тех, кто умер.
А деревья, что он посадил рядом с домом,
ещё шелестели ему как *juglans regia*,
и *quercus rubra*, и *ulmus*, и *larix*,
и *fraxinus excelsior*.

## KRÓTKIE ŻYCIE
### NASZYCH PRZODKÓW

Niewielu dożywało lat trzydziestu.
Starość to był przywilej kamieni i drzew.
Dzieciństwo trwało tyle co szczenięctwo wilków.
Należało się śpieszyć, zdążyć z życiem
nim słońce zajdzie,
nim pierwszy śnieg spadnie.

Trzynastoletnie rodzicielki dzieci,
czteroletni tropiciele ptasich gniazd w sitowiu,
dwudziestoletni przewodnicy łowów —
dopiero ich nie było, już ich nie ma.
Końce nieskończoności zrastały się szybko.
Wiedźmy żuły zaklęcia
wszystkimi jeszcze zębami młodości.
Pod okiem ojca mężniał syn.
Pod oczodołem dziadka wnuk się rodził.

A zresztą nie liczyli sobie lat.
Liczyli sieci, garnki, szałasy, topory.
Czas, taki hojny dla byle gwiazdy na niebie,
wyciągał do nich rękę prawie pustą
i szybko cofał ją, jakby mu było szkoda.
Jeszcze krok, jeszcze dwa
wzdłuż połyskliwej rzeki,
co z ciemności wypływa i w ciemności znika.

Nie było ani chwili do stracenia,
pytań do odłożenia i późnych objawień,
o ile nie zostały zawczasu doznane.
Mądrość nie mogła czekać siwych włosów.
Musiała widzieć jasno, nim stanie się jasność,
i wszelki głos usłyszeć, zanim się rozlegnie.

## Короткая жизнь
### наших предков

До тридцати доживали немногие.
Старость была льготой камня и древа.
Детство длилось не дольше взросления волчат.
Надо было спешить, угнаться за жизнью
до сумерек первых,
до первого снега.

В тринадцать лет матери, главы семейств,
в четыре выискивали птичьи гнёзда,
в двадцать лет в егеря подавались —
недавно их не было, а больше и нет уж.
Быстро срастались концы бесконечности.
Ведьмы жевали заклятия
всеми ещё молодыми зубами.
Сын мужал под отцовским надзором.
Внук рождался на дедовой тризне.

Впрочем, они своих лет не считали.
Сети считали, горшки, топоры и лачуги.
Время, столь щедрое к звёздам на небе,
им руку давало почти что пустую
и словно раскаявшись, отнимало.
Ещё шаг, ещё два
вдоль блестящей реки,
что из тьмы выплывает и во тьме исчезает.

Не было попросту лишней минуты,
вопросов отложенных, поздних видений,
если вовремя их не узнали.
Мудрость седин не могла дожидаться:
видеть ясно должна была, упредив ясность,
каждый голос услышать, прежде чем прозвучит он.

Dobro i zło—
wiedzieli o nim mało, ale wszystko:
kiedy zło tryumfuje, dobro się utaja;
gdy dobro się objawia, zło czeka w ukryciu.
Jedno i drugie nie do pokonania
ani do odsunięcia na bezpowrotną odległość.
Dlatego jeśli radość, to z domieszką trwogi,
jeśli rozpacz, to nigdy bez cichej nadziei.
Życie, choćby i długie, zawsze będzie krótkie.
Zbyt krótkie, żeby do tego coś dodać.

*1981*

Добро и зло —
они знали об этом не много, но всё:
когда зло торжествует, добро умолкает;
лишь возникнет добро, зло ждёт свой черёд.
И то и другое нельзя ни осилить,
ни отодвинуть в бескрайние дали.
Поэтому радость — с довеском тревоги,
а печаль — никогда без тихой надежды.
Даже долгая жизнь всегда будет краткой —
слишком краткой, чтоб что-то добавить.

## Pierwsza fotografia Hitlera

A któż to jest ten dzidziuś w kaftaniku?
Toż to mały Adolfek, syn państwa Hitlerów!
Może wyrośnie na doktora praw?
Albo będzie tenorem w operze wiedeńskiej?
Czyja to rączka, czyja, uszko, oczko, nosek?
Czyj brzuszek pełen mleka, nie wiadomo jeszcze:
drukarza, konsyliarza, kupca, księdza?
Dokąd te śmieszne nóżki zawędrują, dokąd?
Do ogródka, do szkoły, do biura, na ślub
może z córką burmistrza?

Bobo, aniołek, kruszyna, promyczek,
kiedy rok temu przychodził na świat
nie brakło znaków na niebie i ziemi:
wiosenne słońce, w oknach pelargonie,
muzyka katarynki na podwórku,
pomyślna wróżba w bibułce różowej,
tuż przed porodem proroczy sen matki:
gołąbka we śnie widzieć — radosna nowina,
tegoż schwytać — przybędzie gość długo czekany.
Puk puk, kto tam, to stuka serduszko Adolfka.

Smoczek, pieluszka, śliniaczek, grzechotka,
chłopczyna, chwalić Boga i odpukać, zdrów,
podobny do rodziców, do kotka w koszyku,
do dzieci z wszystkich innych rodzinnych albumów.
No, nie będziemy chyba teraz płakać,
pan fotograf pod czarną płachtą zrobi pstryk.

## Первая фотография Гитлера

А кто у нас этот малыш в распашонке?
Да это ж Адольфик, сынок четы Гитлер!
Может, он вырастет — станет юристом?
Или тенором петь будет в опере Венской?
А чья это ручка, а шейка, а носик?
Пузик чей с молочком, ещё не известно:
ксендза, или доктора, иль коммерсанта?
Куда забредут эти ножки смешные?
В садик, в школу, на службу, на свадьбу
с дочкою бургомистра?

Крошка, пупсик, бутуз, ангелочек,
когда год назад он на свет появился,
знаков хватало земных и небесных:
солнце, весна, пеларгонии в окнах,
со двора лились звуки шарманки,
гаданье удачное в розовой упаковке,
и перед родами вещий сон матери:
голубя видеть — счастливая новость,
коль поймаешь, то — гость долгожданный.
Тук-тук, кто там? — то бьётся сердечко Адольфа.

Соска, пелёнка, слюнявчик, трещотка —
малыш, слава Богу, здоров, тьфу-тьфу-тьфу,
похож на родителей, на котёнка в корзинке,
на детишек из прочих семейных альбомов.
Ну-ну, мы теперь уже плакать не будем,
герр фотограф нам щёлкнет под чёрной попоной.

189

Atelier Klinger, Grabenstrasse Braunen,
a Braunen to niewielkie, ale godne miasto,
solidne firmy, poczciwi sąsiedzi,
woń ciasta drożdżowego i szarego mydła.
Nie słychać wycia psów i kroków przeznaczenia.
Nauczyciel historii rozluźnia kołnierzyk
i ziewa nad zeszytami.

*1977*

Atelier Klinger, Grabenstrasse Braunen,
а Браунен город скромный, однако достойный,
капитальные фирмы, честные люди,
запах пышного теста и серого мыла.
Не слышен вой псов и шаги провидения.
Учитель истории воротник свой ослабил
и зевнул над тетрадкой.

## TORTURY

Nic się nie zmieniło.
Ciało jest bolesne,
jeść musi i oddychać powietrzem, i spać,
ma cienką skórę, a tuż pod nią krew,
ma spory zasób zębów i paznokci,
kości jego łamliwe, stawy rozciągliwe.
W torturach jest to wszystko brane pod uwagę.

Nic się nie zmieniło.
Ciało drży, jak drżało
przed założeniem Rzymu i po założeniu,
w dwudziestym wieku przed i po Chrystusie,
tortury są, jak były, zmalała tylko ziemia
i cokolwiek się dzieje, to tak jak za ścianą.

Nic się nie zmieniło.
Przybyło tylko ludzi,
obok starych przewinień zjawiły się nowe,
rzeczywiste, wmówione, chwilowe i żadne,
ale krzyk, jakim ciało za nie odpowiada,
był, jest i będzie krzykiem niewinności,
podług odwiecznej skali i rejestru.

Nic się nie zmieniło.
Chyba tylko maniery, ceremonie, tańce.
Ruch rąk osłaniających głowę
pozostał jednak ten sam.
Ciało się wije, szarpie i wyrywa,
ścięte z nóg pada, podkurcza kolana,
sinieje, puchnie, ślini się i broczy.

# Пытки

Ничего не меняется.
Тело чувствительно,
ему нужны пища, и воздух, и сон,
его кожа тонка, а под ней сразу кровь;
есть приличный запас — зубы и ногти,
ломкие кости, податливые суставы.
В пытках всё это берут на заметку.

Ничего не меняется.
Тело дрожит, как дрожало
до основания Рима и после, и далее,
в двадцатом веке, до Христа и после,
пытки такие, как были, лишь земля стала меньше,
и что бы ни делалось, то как будто за стенкой.

Ничего не меняется.
Только людей стало больше,
к старым проступкам добавились новые —
реальные, внушённые, спонтанные, никакие —
но крик, каким тело за них отвечает,
был, есть и будет криком невинности,
по извечной шкале и реестру.

Ничего не меняется.
Может, только манеры, традиции, танцы.
Но жест рук, заслоняющих голову,
остаётся всё тем же.
Тело дёргается, вырываясь,
сбитое с ног, подгибает колени,
вспухает, исходит слюной и кровью.

Nic się nie zmieniło.
Poza biegiem rzek,
linią lasów, wybrzeży, pustyń i lodowców.
Wśród tych pejzaży duszyczka się snuje,
znika, powraca, zbliża się, oddala,
sama dla siebie obca, nieuchwytna,
raz pewna, raz niepewna swojego istnienia,
podczas gdy ciało jest i jest i jest
i nie ma się gdzie podziać.

*1980*

Ничего не меняется.
Кроме течения рек,
пустынь, ледников и лесов очертаний.
Там блуждает душа, съёжившись, скорчившись:
то ближе, то дальше, исчезнет, вернётся,
сама себе чуждая, неуловимая,
то не веря, то веря, что она существует,
в то время как тело есть, есть и есть,
и ему некуда деться.

## POGRZEB

„tak nagle, kto by się tego spodziewał"
„nerwy i papierosy, ostrzegałem go"
„jako tako, dziękuję"
„rozpakuj te kwiatki"
„brat też poszedł na serce, to pewnie rodzinne"
„z tą brodą to bym pana nigdy nie poznała"
„sam sobie winien, zawsze się w coś mieszał"
„miał przemawiać ten nowy, jakoś go nie widzę"
„Kazek w Warszawie, Tadek za granicą"
„ty jedna byłaś mądra, że wzięłaś parasol"
„cóż z tego, że był najzdolniejszy z nich"
„pokój przechodni, Baśka się nie zgodzi"
„owszem, miał rację, ale to jeszcze nie powód"
„z lakierowaniem drzwiczek, zgadnij ile"
„dwa żółtka, łyżka cukru"
„nie jego sprawa, po co mu to było"
„same niebieskie i tylko małe numery"
„pięć razy, nigdy żadnej odpowiedzi"
„niech ci będzie, że mogłem, ale i ty mogłeś"
„dobrze, że chociaż ona miała tę posadkę"
„no, nie wiem, chyba krewni"
„ksiądz istny Belmondo"
„nie byłam jeszcze w tej części cmentarza"
„śnił mi się tydzień temu, coś mnie tknęło"
„niebrzydka ta córeczka"
„wszystkich nas to czeka"
„złóżcie wdowie ode mnie, muszę zdążyć na"
„a jednak po łacinie brzmiało uroczyściej"
„było, minęło"
„do widzenia pani"
„może by gdzieś na piwo"
„zadzwoń, pogadamy"
„czwórką albo dwunastką"
„ja tędy"
„my tam"

*1986*

196

# Похороны

«так неожиданно, кто б мог подумать»
«нервы и курево, я ему говорила»
«понемножку, спасибо»
«разверни же цветочки»
«брат тоже от сердца, это явно семейное»
«с бородой я бы вас никогда не узнала»
«он сам виноват, вечно всюду совался»
«должен выступить новый, где он, не вижу»
«Казик в Варшаве, Тадек за границей»
«только ты догадалась взять зонтик»
«что с того, что он был талантливей всех»
«на проходную Баська не согласится»
«в общем, да, он был прав, но дело не в этом»
«с покраской дверей прикинь, это сколько»
«два желтка, ложка сахару»
«не его дело, зачем он хотел так»
«только синие и маленьких размеров»
«пять раз, и в ответ хоть бы слово»
«ладно, я мог; но ты ведь мог тоже»
«хорошо хоть такую работу имела»
«нет, не знаю; наверно, родные»
«ксёндз вылитый Бельмондо»
«я в первый раз на этом участке»
«он мне снился, вот я как чувствовала»
«а дочурка мила»
«все мы там будем»
«передайте вдове от меня, я спешу на»
«а по-латыни звучало красивей»
«было, миновало»
«до свидания, мадам»
«может, выпьем пивка»
«звони, поболтаем»
«третьим или восьмёркой»
«мне в эту сторону»
«мы в другую»

## JARMARK CUDÓW

Cud pospolity:
to, że dzieje się wiele cudów pospolitych.

Cud zwykły:
w ciszy nocnej szczekanie
niewidzialnych psów.

Cud jeden z wielu:
chmurka zwiewna i mała,
a potrafi zasłonić duży ciężki księżyc.

Kilka cudów w jednym:
olcha w wodzie odbita
i to, że odwrócona ze strony lewej na prawą,
i to, że rośnie tam koroną w dół
i wcale dna nie sięga,
choć woda jest płytka.

Cud na porządku dziennym:
wiatry dość słabe i umiarkowane,
w czasie burz porywiste.

Cud pierwszy lepszy:
krowy są krowami.

Drugi nie gorszy:
ten a nie inny sad
z tej a nie innej pestki.

Cud bez czarnego fraka i cylindra:
rozfruwające się białe gołębie.

## ЯРМАРКА ЧУДЕС

Чудо обычное:
то, как много обычных чудес происходит.

Чудо привычное:
лай в безмолвии ночи
невидимых псов.

Чудо одно из многих:
облачко маленькое и лёгкое
заслоняет луну — большую, тяжёлую.

В одном чуде — несколько:
ольха, в воде отражённая,
и то, что повёрнута слева направо,
и то, что растёт там кроною вниз,
вовсе дна не касаясь,
хоть там и мелко.

Чудо изо дня в день:
ветер слабый до умеренного,
во время бури порывистый.

Чудо абы какое:
коровы — это коровы.

Другое, не хуже:
именно этот сад
из именно этого семечка.

Чудо без чёрного фрака с цилиндром:
вспорхнувшие белые голуби.

Cud, no bo jak to nazwać:
słońce dziś wzeszło o trzeciej czternaście
a zajdzie o dwudziestej zero jeden.

Cud, który nie tak dziwi, jak powinien:
palców u dłoni wprawdzie mniej niż sześć,
za to więcej niż cztery.

Cud, tylko się rozejrzeć:
wszechobecny świat.

Cud dodatkowy, jak dodatkowe jest wszystko:
co nie do pomyślenia
jest do pomyślenia.

*1981*

Чудо, иначе не скажешь:
солнце сегодня взошло в три четырнадцать,
а зайдёт в двадцать ноль одну.

Чудо почти что забытое:
пальцев руки вправду меньше чем шесть,
зато больше чем четыре.

Чудо, сто́ит лишь оглянуться:
вездесущий мир.

Чудо в придачу, как в придачу всё прочее:
что невообразимо –
можно вообразить.

## LUDZIE NA MOŚCIE

Dziwna planeta i dziwni na niej ci ludzie.
Ulegają czasowi, ale nie chcą go uznać.
Mają sposoby, żeby swój sprzeciw wyrazić.
Robią obrazki jak na przykład ten:

Nic szczególnego na pierwszy rzut oka.
Widać wodę.
Widać jeden z jej brzegów.
Widać czółno mozolnie płynące pod prąd.
Widać nad wodą most i widać ludzi na moście.
Ludzie wyraźnie przyspieszają kroku,
bo właśnie z ciemnej chmury
zaczął deszcz ostro zacinać.

Cała rzecz w tym, że nic nie dzieje się dalej.
Chmura nie zmienia barwy ani kształtu.
Deszcz ani się nie wzmaga, ani nie ustaje.
Czółno płynie bez ruchu.
Ludzie na moście biegną
ściśle tam, co przed chwilą.

Trudno tu obejść się bez komentarza:
To nie jest wcale obrazek niewinny.
Zatrzymano tu czas.
Przestano liczyć się z prawami jego.
Pozbawiono go wpływu na rozwój wypadków.
Zlekceważono go i znieważono.

Za sprawą buntownika
jakiegoś Hiroshige Utagawy,
(istoty, która zresztą
dawno i jak należy minęła),
czas potknął się i upadł.

202

## Люди на мосту

Чудна́я планета и чудны́е там люди:
подчиняются времени, но признать не желают.
Свой протест выражают то так, то иначе.
Картинки рисуют — как эта, к примеру:

на первый взгляд, ничего необычного.
Видно воду.
Виден один её берег.
Виден чёлн, ползущий против течения.
Виден мост над водой, на мосту видны люди.
Люди заметно шаги ускоряют,
ибо прямо из тучи
дождь полился внезапно —

вот и всё. Ничего не меняется дальше.
Туча того же размера и цвета.
Дождь не усиливается и не слабеет.
Чёлн плывёт неподвижно.
На мосту бегут люди
в той же точке, что прежде.

Без комментария не обойдёшься:
эта картинка не так уж наивна —
здесь остановлено время.
С ним перестали считаться,
отняли власть над ходом событий,
попрали его и унизили.

Из-за мятежника,
некоего Хиросигэ Утагава
(того, что давно уж
сгинул с этого света),
время споткнулось и пало.

Może to tylko psota bez znaczenia,
wybryk na skalę paru zaledwie galaktyk,
na wszelki jednak wypadek
dodajmy, co następuje:

Bywa tu w dobrym tonie
wysoko sobie cenić ten obrazek,
zachwycać się nim i wzruszać od pokoleń.

Są tacy, którym i to nie wystarcza.
Słyszą nawet szum deszczu,
czują chłód kropel na karkach i plecach,
patrzą na most i ludzi,
jakby widzieli tam siebie,
w tym samym biegu nigdy nie dobiegającym
drogą bez końca, wiecznie do odbycia
i wierzą w swoim zuchwalstwie,
że tak jest rzeczywiście.

*1984*

Может быть, это лишь безобидная шутка,
фортель в масштабе одной-двух галактик;
на всякий, однако же, случай
добавим-ка вот что:

согласно бонтону,
следует восхищаться картиной,
хранить и беречь её для потомков.

Есть такие, которым и этого мало.
Они слышат шум ливня,
на спине ощущают холод тех капель,
смотрят на мост и людей,
словно видят себя там,
спешащими в беге том бесконечном
дорогой, с которой свернуть невозможно,
и в своей дерзости верят,
что всё это правда.

## NIEKTÓRZY LUBIĄ POEZJĘ

Niektórzy —
czyli nie wszyscy.
Nawet nie większość wszystkich ale mniejszość.
Nie licząc szkół, gdzie się musi,
i samych poetów,
będzie tych osób chyba dwie na tysiąc.

Lubią –
ale lubi się także rosół z makaronem,
lubi się komplementy i kolor niebieski,
lubi się stary szalik,
lubi się stawiać na swoim,
lubi się głaskać psa.

Poezję –
tylko co to takiego poezja.
Niejedna chwiejna odpowiedź
na to pytanie już padła.
A ja nie wiem i nie wiem i trzymam się tego
jak zbawiennej poręczy.

*1992/1993*

## НЕКОТОРЫЕ ЛЮБЯТ ПОЭЗИЮ

Некоторые,
но не все.
Даже не большинство, а меньшинство всех.
Не считая школ, где любить положено,
и самих поэтов,
которых наскребёшь двух на тысячу.

Они любят…
но кто-то любит бульон с вермишелью,
любит комплименты и голубой цвет,
любит старый шарфик,
любит упрямиться,
любит гладить собаку.

Поэзию…
но что такое поэзия?
Сколько раз уж уклончиво
на этот вопрос отвечали.
И я не знаю — не знаю и цепляюсь за это,
как за спасительный поручень.

## Koniec i początek

Po każdej wojnie
ktoś musi posprzątać.
Jaki taki porządek
sam się przecież nie zrobi.

Ktoś musi zepchnąć gruzy
na pobocza dróg,
żeby mogły przejechać
wozy pełne trupów.

Ktoś musi grzęznąć
w szlamie i popiele,
sprężynach kanap,
drzazgach szkła
i krwawych szmatach.

Ktoś musi przywlec belkę
do podparcia ściany,
ktoś oszklić okno
i osadzić drzwi na zawiasach.

Fotogeniczne to nie jest
i wymaga lat.
Wszystkie kamery wyjechały już
na inną wojnę.

Mosty trzeba z powrotem
i dworce na nowo.
W strzępach będą rękawy
od zakasywania.

## Конец и начало

После каждой войны
кто-то должен порядок
навести. Сам собою
он не водворится.

Кто-то должен развалины
счистить с дорог,
чтоб телеги проехали,
полные трупов.

Кто-то должен копаться
в слизи и пепле,
диванных пружинах,
обломках стекла
и тряпках кровавых.

Кто-то досками должен
подпереть эту стенку,
вставить стёкла и двери
навесить на петли.

Это не презентабельно
и потребует годы.
Все фотографы отбыли
уж на войны другие.

Снова надо построить
мосты и вокзалы.
От рабочих спецовок
останутся клочья.

Ktoś z miotłą w rękach
wspomina jeszcze jak było.
Ktoś słucha
przytakując nie urwaną głową.
Ale już w ich pobliżu
zaczną kręcić się tacy,
których to będzie nudzić.

Ktoś czasem jeszcze
wykopie spod krzaka
przeżarte rdzą argumenty
i poprzenosi je na stos odpadków.

Ci, co wiedzieli
o co tutaj szło,
muszą ustąpić miejsca tym,
co wiedzą mało.
I mniej niż mało.
I wreszcie tyle co nic.

W trawie, która porosła
przyczyny i skutki,
musi ktoś sobie leżeć
z kłosem w zębach
i gapić się na chmury.

*1992*

Кто-то, взявши метлу,
вспоминает о прошлом.
Кто-то, слыша, кивает
головой уцелевшей.
Но уже рядом с ними
возникнут другие –
и им станет скучно.

Кто-то всё ж извлекает
из земли аргументы,
насквозь проржавевшие,
и относит их в мусор.

Те, кто знали
о том, что случилось,
сменяются теми,
кто знает мало.
И меньше чем мало.
И совсем ничего.

Травой поросли
причины и следствия;
кто-то лечь на ней должен
с травинкой во рту
и пялиться в небо.

## NIENAWIŚĆ

Spójrzcie, jaka wciąż sprawna,
jak dobrze się trzyma
w naszym stuleciu nienawiść.
Jak lekko bierze wysokie przeszkody.
Jakie to łatwe dla niej — skoczyć, dopaść.

Nie jest jak inne uczucia.
Starsza i młodsza od nich równocześnie.
Sama rodzi przyczyny,
które ją budzą do życia.
Jeśli zasypia, to nigdy snem wiecznym.
Bezsenność nie odbiera jej sił, ale dodaje.

Religia nie religia –
byle przyklęknąć na starcie.
Ojczyzna nie ojczyzna –
byle się zerwać do biegu.
Niezła i sprawiedliwość na początek.
Potem już pędzi sama.
Nienawiść. Nienawiść.
Twarz jej wykrzywia grymas
ekstazy miłosnej.

Ach, te inne uczucia -
cherlawe i ślamazarne.
Od kiedy to braterstwo
może liczyć na tłumy?
Współczucie czy kiedykolwiek
pierwsze dobiło do mety?
Zwątpienie ilu chętnych porywa za sobą?
Porywa tylko ona, która swoje wie.

## НЕНАВИСТЬ

Гляньте, как расторопна,
как хорошо сохранилась
ненависть в нашем веке.
Как легко побивает рекорды
и препятствия преодолевает.

Она не такая, как чувства другие —
ненависть старше и младше.
Сама порождает причины,
что её пробуждают к жизни.
Если заснёт, никогда не навечно:
бессонница ей только сил прибавляет.

Религия не религия —
колени склонить на старте,
родина или не родина —
скорее бы в бег сорваться.
Поначалу неплохо и честно,
а дальше одна продолжит.
Ненависть. Ненависть —
с лицом, искажённым гримасой
любовного упоенья.

Ах, эти чувства другие —
как они вялы, слабы!
С каких пор это братство
поддержали бы толпы?
Или чтобы сочувствие
победило в забеге?
Да и скольких они поведут за собою?
Уводит она лишь — она своих знает.

Zdolna, pojętna, bardzo pracowita.
Czy trzeba mówić ile ułożyła pieśni.
Ile stronnic historii ponumerowała.
Ile dywanów z ludzi porozpościerała
na ilu placach, stadionach.

Nie okłamujmy się:
potrafi tworzyć piękno.
Wspaniałe są jej łuny czarną nocą.
Świetne kłęby wybuchów o różanym świcie.
Trudno odmówić patosu ruinom
i rubasznego humoru
krzepko sterczącej nad nimi kolumnie.

Jest mistrzynią kontrastu
między łoskotem a ciszą,
między czerwoną krwią a białym śniegiem.
A nade wszystko nigdy jej nie nudzi
motyw schludnego oprawcy
nad splugawioną ofiarą.

Do nowych zadań w każdej chwili gotowa.
Jeżeli musi poczekać, poczeka.
Mówią, że ślepa. Ślepa?
Ma bystre oczy snajpera
i śmiało patrzy w przyszłość
— ona jedna.

*1992*

Умелая, ясная, неутомимая;
не сосчитать, сколько песен сложила,
сколько в анналах страниц насчитала,
сколько людей распластала коврами
на бесчисленных стадионах.

Скажем честно:
творит она живописно.
Прекрасны её ночные сиянья
и взрывы на розовом нежном рассвете.
Есть в развалинах пафос
и юмор похабный
стойко торчащей над ними колонны.

Ненависть — мастер контраста
между грохотом и тишиною,
меж кровью багровой и белым снегом.
И не прискучит любимый конёк ей:
педантичный мучитель
над истерзанной жертвой.

Всегда она к новым задачам готова.
Надо ждать — подождёт. Говорят,
что она, мол, слепая. Слепая?
Острым снайперским взглядом
смело смотрит в грядущее —
она одна.

## KOT W PUSTYM MIESZKANIU

Umrzeć — tego nie robi się kotu.
Bo co ma począć kot
w pustym mieszkaniu.
Wdrapywać się na ściany.
Ocierać między meblami.
Nic niby tu nie zmienione,
a jednak pozamieniane.
Niby nie przesunięte,
a jednak porozsuwane.
I wieczorami lampa już nie świeci.

Słychać kroki na schodach,
ale to nie te.
Ręka, co kładzie rybę na talerzyk,
także nie ta, co kładła.

Coś się tu nie zaczyna
w swojej zwykłej porze.
Coś się tu nie odbywa
jak powinno.
Ktoś tutaj był i był,
a potem nagle zniknął
i uporczywie go nie ma.

Do wszystkich szaf się zajrzało.
Przez półki przebiegło.
Wcisnęło się pod dywan i sprawdziło.
Nawet złamało zakaz
i rozrzuciło papiery.
Co więcej jest do zrobienia.
Spać i czekać.

## Кошка в пустом доме

Взял и умер — а кошка?
Разве так можно?
Что в пустом доме делать?
— Лишь о стены чесаться
да мебель царапать.
Ничего не меняют,
но в чём-то подмена:
всё стоит, как и раньше,
только стало просторней
и в сумерках свет не включают.

На ступеньках шаги,
но не те, а другие,
и кладёт рыбу в миску
та рука, что не клала.

Что-то остановилось
и не хочет вернуться.
А другое и вовсе
идёт не как надо.
Кто-то был здесь всё время
и сгинул внезапно —
его нету и нету.

Ни в шкафах, ни на полках —
всё проверила трижды,
под ковром, под кроватью —
нет! Как нет и запрета
разбросать все бумаги…
Что ж теперь остаётся?
Только спать в ожиданье.

Niech no on tylko wróci,
niech no się pokaże.
Już on się dowie,
że tak z kotem nie można.
Będzie się szło w jego stronę
jakby się wcale nie chciało,
pomalutku,
na bardzo obrażonych łapach.
I żadnych skoków pisków na początek.

*1991*

Пусть он только вернётся,
только двери откроет,
как сразу узнает,
что с кошкой нельзя так:
кошка выйдет случайно —
мол, не больно и надо, —
не спеша и на самых обиженных лапах,
ни прыжков, ни мурлыканья поначалу.

## Pożegnanie widoku

Nie mam żalu do wiosny,
że znowu nastała.
Nie obwiniam jej o to,
że spełnia jak co roku
swoje obowiązki.

Rozumiem, że mój smutek
nie wstrzyma zieleni.
Źdźbło, jeśli się zawaha,
to tylko na wietrze.

Nie sprawia mi to bólu,
że kępy olch nad wodami
znowu mają czym szumieć.

Przyjmuję do wiadomości,
że — tak jakbyś żył jeszcze —
brzeg pewnego jeziora
pozostał piękny jak był.

Nie mam urazy
do widoku o widok
na olśnioną słońcem zatokę.

Potrafię sobie nawet wyobrazić,
że jacyś nie my
siedzą w tej chwili
na obalonym pniu brzozy.

Szanuję ich prawo
do szeptu, śmiechu
i szczęśliwego milczenia.

## ПРОЩАНЬЕ С ПЕЙЗАЖЕМ

Мне не жаль, что весна
опять наступила.
Не виню её в том,
что она выполняет
свой долг год от года.

И печаль моя, знаю,
зелень не остановит.
Если стебель колеблется,
то только от ветра.

Мне не больно, что снова
купы ольх над водою
зашумели листами.

Принимаю как данность,
что — как если бы жил ты —
берег этого озера
остался прекрасен.

Я не обижаюсь
на пейзаж из-за вида
блестящей на солнце затоки.

Я пытаюсь представить,
что не мы, а другие
сидят в это время
на лежащей берёзе.

Уважаю их право
на смех и на шёпот,
на блаженство молчания.

Zakładam nawet,
że łączy ich miłość
i że on obejmuje ją
żywym ramieniem.

Coś nowego ptasiego
szeleści w szuwarach.
Szczerze im życzę,
żeby usłyszeli.

Żadnej zmiany nie żądam
od przybrzeżnych fal,
to zwinnych, to leniwych
i nie mnie posłusznych.

Niczego nie wymagam
od toni pod lasem,
raz szmaragdowej,
raz szafirowej,
raz czarnej.

Na jedno się nie godzę.
Na swój powrót tam.
Przywilej obecności —
rezygnuję z niego.

Na tyle Cię przeżyłam
i tylko na tyle,
żeby myśleć z daleka.

*1991*

Я готова поспорить —
они любят друг друга,
он её обнимает
своей тёплой рукою.

Вроде новая птица
в камышах зашуршала.
От души им желаю
тот шорох услышать.

Я не жду изменений
от плещущих волн,
то ленивых, то быстрых
и не мне послушных.

Ничего мне не нужно
от воды рядом с лесом,
то изумрудной,
то синей,
то чёрной.

Не приму лишь одно я —
своё возвращение.
Я слагаю с себя
право там находиться.

Я пережила Тебя
всего лишь настолько,
чтобы издали думать.

### SEANS

Przypadek pokazuje swoje sztuczki.
Wydobywa z rękawa kieliszek koniaku,
sadza nad nim Henryka.
Wchodzę do bistro i staję jak wryty.
Henryk to nie kto inny
jak brat męża Agnieszki,
a Agnieszka to krewna
szwagra cioci Zosi.
Zgadało się, że mamy wspólnego pradziadka.

Przestrzeń w palcach przypadku
rozwija się i zwija,
rozszerza i kurczy.
Dopiero co jak obrus,
a już jak chusteczka.
Zgadnij kogo spotkałam,
i to gdzie, w Kanadzie,
i to po ilu latach.
Myślałam, że nie żyje,
a on w mercedesie.
W samolocie do Aten.
Na stadionie w Tokio.

Przypadek obraca w rękach kalejdoskop.
Migocą w nim miliardy kolorowych szkiełek.
I raptem szkiełko Jasia
brzdęk o szkiełko Małgosi.
Wyobraź sobie, w tym samym hotelu.
Twarzą w twarz w windzie.
W sklepie z zabawkami.
Na skrzyżowaniu Szewskiej z Jagiellońską.

## Сеанс

Случай свои демонстрирует трюки.
Рюмку с коньяком извлекает из фрака
и Генрика перед рюмкой сажает.
Я в бистро захожу и застываю.
Генрик — это не кто иной, как
брат мужа Агнешки,
а Агнешка — родня
шурину тёти Зоси.
Оказалось, что был у нас с ней общий прадед.

Пространство под пальцами случая
развивается и свивается,
ширится и сжимается.
Только что была скатерть,
а смотришь — платочек.
Угадай, кого я повстречала,
и то где — аж в Канаде,
сколько лет пролетело.
Я уж думала, умер,
а он в «мерседесе».
В самолёте в Афины.
На стадионе в Токио.

Случай вертит калейдоскоп свой,
где миллиарды стекляшек цветами мигают.
И вдруг стёклышко Яся
бряк о стёклышко Евы.
Представляешь, в том самом отеле.
В лифте, прямо нос к носу.
В магазине игрушек.
На углу Ягеллонской и Шевской.

Przypadek jest spowity w pelerynę.
Giną w niej i odnajdują się rzeczy.
Natknąłem się niechcący.
Schyliłam się i podniosłam.
Patrzę, a to ta łyżka
z ukradzionej zastawy.
Gdyby nie bransoletka,
nie rozpoznałabym Oli,
a na ten zegar natrafiłem w Płocku.

Przypadek zagląda nam głęboko w oczy.
Głowa zaczyna ciążyć.
Opadają powieki.
Chce nam się śmiać i płakać,
bo to nie do wiary—
z czwartej B na ten okręt,
coś w tym musi być.
Chce nam się wołać,
jaki świat jest mały,
jak łatwo go pochwycić
w otwarte ramiona.
I jeszcze chwilę wypełnia nas radość
rozjaśniająca i złudna.

*1991*

Случай кутается в пелерину.
В ней исчезают и находятся вещи.
Я наткнулся нечаянно.
Я нагнулась и вижу:
ведь это же ложка
из тех, что украли.
Если бы не браслетик,
Олю б я не узнала,
а на эти часы я набрёл как-то в Плоцке.

Случай пристально смотрит в глаза нам.
Голова тяжелеет.
Смыкаются веки.
Тянет смеяться и плакать,
ибо трудно поверить:
из четвёртого «Б» — на этот корабль,
что-то в этом должно быть.
Мы хотим крикнуть,
как мир этот тесен,
как легко ухватить его
и стиснуть в объятиях.
Ещё миг наполняет нас радость,
озаряющая и мнимая.

## Miłość od pierwszego wejrzenia

Oboje są przekonani,
że połączyło ich uczucie nagłe.
Piękna jest taka pewność,
ale niepewność piękniejsza.

Sądzą, że skoro nie znali się wcześniej,
nic między nimi nigdy się nie działo.
A co na to ulice, schody, korytarze,
na których mogli się od dawna mijać?

Chciałabym ich zapytać,
czy nie pamiętają—
może w drzwiach obrotowych
kiedyś twarzą w twarz?
jakieś „przepraszam" w ścisku?
głos „pomyłka" w słuchawce?
— ale znam ich odpowiedź.
Nie, nie pamiętają.

Bardzo by ich zdziwiło,
że od dłuższego już czasu
bawił się nimi przypadek.

Jeszcze nie całkiem gotów
zamienić się dla nich w los,
zbliżał ich i oddalał,
zabiegał im drogę
i tłumiąc chichot
odskakiwał w bok.

## Любовь с первого взгляда

Они оба уверены,
что любовь их связала внезапно.
Прекрасна уверенность,
но неуверенность лучше.

Думают, если раньше друг друга не знали,
то ничего с ними и не случалось.
А как насчёт улиц, проходов и лестниц,
где могли они встретиться и пройти мимо?

Я б хотела спросить их,
неужели не помнят,
как в двери карусельной
друг на друга взглянули?
или в давке «простите»?
голос в трубке «ошиблись»? —
Но я знаю ответ их.
Нет, не припоминают.

Как бы их удивило,
что изрядное время
их случай дурачит.

Он ещё не решил
их судьбой обернуться,
отдалял и сближал их,
преграждал им дорогу
и, смешок заглушая,
отскакивал вбок.

Były znaki, sygnały,
cóż z tego, że nieczytelne.
Może trzy lata temu
albo w zeszły wtorek
pewien listek przefrunął
z ramienia na ramię?
Było coś zgubionego i podniesionego.
Kto wie, czy już nie piłka
w zaroślach dzieciństwa?

Były klamki i dzwonki,
na których zawczasu
dotyk kładł się na dotyk.
Walizki obok siebie w przechowalni.
Był może pewnej nocy jednakowy sen,
natychmiast po zbudzeniu zamazany.

Każdy przecież początek
to tylko ciąg dalszy,
a księga zdarzeń
zawsze otwarta w połowie.

*1993*

Были знаки, сигналы —
разберись в них попробуй.
Года три тому, может,
или в прошлую среду
лист случайно пронёсся
с плеча на другое?
Что-то было потеряно, найдено снова.
А не мячик ли это
в зарослях детства?

Были ручки дверные,
звонки, где ложились
касания пальцев.
Куртки бок о бок в гардеробе висели.
Может, ночью им сон одинаковый снился,
тут же в миг пробужденья размытый.

Ведь любое начало —
это лишь продолженье,
а книга событий
открыта всегда посредине.

## Może to wszystko

Może to wszystko
dzieje się w laboratorium?
Pod jedną lampą w dzień
i miliardami w nocy?

Może jesteśmy pokolenia próbne?
Przesypywani z naczynia w naczynie,
potrząsani w retortach,
obserwowani czymś więcej niż okiem,
każdy z osobna
brany na koniec w szczypczyki?

Może inaczej:
żadnych interwencji?
Zmiany zachodzą same
zgodnie z planem?
Igła wykresu rysuje pomału
przewidziane zygzaki?

Może jak dotąd nic w nas ciekawego?
Monitory kontrolne włączane są rzadko?
Tylko gdy wojna i to raczej duża,
niektóre wzloty ponad grudkę Ziemi,
czy pokaźne wędrówki z punktu A do B?

Może przeciwnie:
gustują tam wyłącznie w epizodach?
Oto mała dziewczynka na wielkim ekranie
przyszywa sobie guzik do rękawa.

## МОЖЕТ БЫТЬ...

Может, всё происходит
в лаборатории?
При одной лампе днём
и миллиардах ночью?

Может, мы пробное поколение?
Нас пересыпают в сосуд из сосуда,
встряхивают в ретортах,
наблюдают серьёзней чем глазом
и поодиночке
берут осторожно пинцетом?

Может, иначе:
никакого вмешательства?
Всё само изменяется
в соответствии с планом?
Игла самописца рисует
ожидаемый график?

Может быть, ничего интересного нет в нас?
Мониторы контроля включаются редко?
Только в войну, и то если большая,
несколько взлётов над глыбкой Земли
или долгий поход из пункта А в Б?

Может быть, всё иначе:
там по вкусу одни эпизоды?
Вот малышка на крупном экране
себе пуговицу пришивает.

Czujniki pogwizdują,
personel się zbiega.
Ach cóż to za istotka
z bijącym w środku serduszkiem!
Jaka wdzięczna powaga
w przewlekaniu nitki!
Ktoś woła w uniesieniu:
Zawiadomić Szefa,
niech przyjdzie i sam popatrzy!

*1992*

Датчики пикают, свищут,
лаборанты толпятся.
Ах, ну что за создание,
внутри бьётся сердечко!
Как похвальна серьёзность
вдевания нитки!
Выкрик чей-то в экстазе:
уведомить шефа,
пусть придёт и посмотрит!

## NIC DAROWANE

Nic darowane, wszystko pożyczone.
Tonę w długach po uszy.
Będę zmuszona sobą
zapłacić za siebie,
za życie oddać życie.

Tak to już urządzone,
że serce do zwrotu
i wątroba do zwrotu
i każdy palec z osobna.

Za późno na zerwanie warunków umowy.
Długi będą ściągnięte ze mnie
wraz ze skórą.

Chodzę po świecie
w tłumie innych dłużników.
Na jednych ciąży przymus
spłaty skrzydeł.
Drudzy chcąc nie chcąc
rozliczą się z liści.

Po stronie Winien
wszelka tkanka w nas.
Żadnej rzęski, szypułki
do zachowania na zawsze.

Spis jest dokładny
i na to wygląda,
że mamy zostać z niczym.

## Ничего своего

Ничего своего, всё взято на время.
Я по уши в долгах.
Я собою должна буду
за себя расплатиться,
за жизнь отдать жизнью.

Таков уж порядок:
вернуть надо сердце,
вернуть надо печень
и палец за пальцем.

Слишком поздно условие сделки нарушить.
Долги с меня взыщут
одновременно с кожей.

Я блуждаю по свету
в толпе с должниками.
Кто-то обязан
отдать назад крылья,
кто-то за листья
листвой рассчитаться.

В колонке «Кредиты»
все наши клетки.
Ни листка, ни реснички
навсегда не оставишь.

Список подробный,
и похоже на то, что
мы ни с чем остаёмся.

Nie mogę sobie przypomnieć
gdzie, kiedy i po co
pozwoliłam otworzyć sobie
ten rachunek.

Protest przeciwko niemu
nazywamy duszą.
I to jest to jedyne,
czego nie ma w spisie.

*1990*

Я никак не припомню,
где, когда и зачем
этот счёт разрешила
открыть для себя я.

А наш протест
мы душой называем.
И это единственное,
что в список не входит.

## WIELKIE TO SZCZĘŚCIE

Wielkie to szczęście
nie wiedzieć dokładnie,
na jakim świecie się żyje.

Trzeba by było
istnieć bardzo długo,
stanowczo dłużej
niż istnieje on.

Choćby dla porównania
poznać inne światy.

Unieść się ponad ciało,
które niczego tak dobrze nie umie,
jak ograniczać
i stwarzać trudności.

Dla dobra badań,
jasności obrazu
i ostatecznych wniosków
wzbić się ponad czas,
w którym to wszystko pędzi i wiruje.

Z tej perspektywy
żegnajcie na zawsze
szczegóły i epizody.

Liczenie dni tygodnia,
musiałoby się wydać
czynnością bez sensu,

wrzucenie listu do skrzynki
wybrykiem głupiej młodości,

napis „Nie deptać trawy"
napisem szalonym.

## Огромное счастье

Огромное счастье,
когда точно не знаешь,
на каком живёшь свете.

Надо бы было
жить очень долго,
намного дольше,
чем свет существует.

И сравнить хорошо бы
с другими мирами.

Подняться над телом,
которое только и знает,
что нас ограничивать
и ставить препоны.

Для чистого опыта,
ясной картины
и подведенья итогов
надо взвиться над временем,
с его бесконечным круженьем.

А уж отсюда
прощайте навечно,
все мелочи жизни.

Считать дни недели
должно показаться
бессмысленным делом,

письмо бросать в ящик –
глупой юной причудой,

надпись «Траву не мять»
совсем уж безумной.

## W ZATRZĘSIENIU

Jestem kim jestem.
Niepojęty przypadek
jak każdy przypadek.

Inni przodkowie
mogli być przecież moimi,
a już z innego gniazda
wyfrunęłabym,
już spod innego pnia
wypełzła w łusce.

W garderobie natury
jest kostiumów sporo.
Kostium pająka, mewy, myszy polnej.
Każdy od razu pasuje jak ulał
i noszony jest posłusznie
aż do zdarcia.

Ja też nie wybierałam,
ale nie narzekam.
Mogłam być kimś
o wiele mniej osobnym.
Kimś z ławicy, mrowiska, brzęczącego roju,
szarpaną wiatrem cząstką krajobrazu.

Kimś dużo mniej szczęśliwym,
hodowanym na futro,
na świąteczny stół,
czymś, co pływa pod szkiełkiem.

Drzewem uwięzłym w ziemi,
do którego zbliża się pożar.

## Из множества

Я — такая, как есть.
Случай малопонятный,
как, впрочем, и всякий.

Предки другие
могли стать моими,
из другого гнезда бы
я выпорхнула,
из-под корня другого
чешуёй бы блеснула.

В гардеробе природы
есть много костюмов:
костюм паука, чайки, мыши-полёвки.
Каждый сразу сидит как влитой,
его носят послушно
аж до износа.

Я свой не выбирала,
но я не в обиде.
Я могла б не отдельной
быть, а только частицей
косяка или стаи, жужжащего роя,
пейзажа, что ветер на клочья терзает.

Тем, кто менее счастлив,
кого держат для меха,
на праздничный ужин,
кем-то под микроскопом.

Клёном, увязшим в земле
по соседству с пожаром.

Źdźbłem tratowanym
przez bieg niepojętych wydarzeń.

Typem spod ciemnej gwiazdy,
która dla drugich jaśnieje.

A co, gdybym budziła w ludziach strach,
albo tylko odrazę,
albo tylko litość?

Gdybym się urodziła
nie w tym, co trzeba, plemieniu
i zamykały się przede mną drogi?

Los okazał się dla mnie
jak dotąd łaskawy.

Mogła mi nie być dana
pamięć dobrych chwil.

Mogła mi być odjęta
skłonność do porównań.

Mogłam być sobą — ale bez zdziwienia,
a to by oznaczało,
że kimś całkiem innym.

*1996*

Стеблем, затоптанным
в цепи непонятных событий.

Или личностью тёмной,
а кому-то — и светом в окошке.

А что, если б в людях я страх вызывала,
или только брезгливость,
или только жалость?

А если б я родилась
в нежелательном племени,
и предо мной все пути закрывались?

Судьба оказалась
ко мне благосклонной.

Я могла бы не помнить
всё, что было хорошего.

Я могла бы утратить
мою тягу к сравнениям.

Я могла быть собой, но без удивления —
это бы означало,
что я вовсе не я.

## CHMURY

Z opisywaniem chmur
musiałabym się bardzo śpieszyć –
już po ułamku chwili
przestają być te, zaczynają być inne.

Ich właściwością jest
nie powtarzać się nigdy
w kształtach, odcieniach, pozach i układzie.

Nie obciążone pamięcią o niczym,
unoszą się bez trudu nad faktami.

Jacy tam z nich świadkowie czegokolwiek –
natychmiast rozwiewają się na wszystkie strony.

W porównaniu z chmurami
życie wydaje się ugruntowane,
omalże trwałe i prawie że wieczne.

Przy chmurach
nawet kamień wygląda jak brat,
na którym można polegać,
a one, cóż, dalekie i płoche kuzynki.

Niech sobie ludzie będą, jeśli chcą,
a potem po kolei każde z nich umiera,
im, chmurom, nic do tego
wszystkiego
bardzo dziwnego.

# Тучи

С описанием туч
мне бы надо поторопиться —
за доли минуты
они уж не те, а вовсе другие.

Их вечное свойство —
всегда изменяться
формой, оттенками и положением.

Не обременённые памятью вовсе,
парят без усилий над правдой.

Какие из них очевидцы событий? —
тотчас разлетаются в разные стороны.

По сравнению с ними
жизнь незыблемой кажется
и длится едва ли не целую вечность.

Рядом с тучами
камень почти что как брат —
основательный, крепкий, надёжный,
а они только ветреные кузины.

Пусть люди живут, если хотят,
а после один за другим умирают —
им ведь, тучам,
всё это
глубоко безразлично.

Nad całym Twoim życiem
i moim, jeszcze nie całym,
paradują w przepychu, jak paradowały.

Nie mają obowiązku razem z nami ginąć.
Nie muszą być widziane, żeby płynąć.

*1994*

Над всей Твоей жизнью
и моей, хоть не всею,
они проплывают так же гордо, как раньше.

Они не должны исчезать вместе с нами.
Они будут плыть и без зрителей, сами.

## NEGATYW

Na niebie burym
chmurka jeszcze bardziej bura
z czarną obwódką słońca.

Na lewo, czyli na prawo,
biała gałąź czereśni z czarnymi kwiatami.

Na twojej ciemnej twarzy jasne cienie.
Zasiadłeś przy stoliku
i położyłeś na nim poszarzałe ręce.

Sprawiasz wrażenie ducha,
który próbuje wywoływać żywych.

(Ponieważ jeszcze zaliczam się do nich,
powinnam mu się zjawić i wystukać:
dobranoc, czyli dzień dobry,
żegnaj, czyli witaj.
I nie skąpić mu pytań na żadną odpowiedź,
jeśli dotyczą życia,
czyli burzy przed ciszą).

*1996*

### НЕГАТИВ

На небе буром
тучка более бурая
с чёрным контуром солнца.

Налево — то есть направо —
белая ветка черешни с чёрными цветами.

На тёмном лице твоём светлые тени.
Ты уселся у столика,
положив на него посеревшие руки.

Впечатление, будто ты дух,
что живых пытается вызвать.

(Поскольку я числюсь ещё между ними,
то явиться должна и настукать:
доброй ночи — вернее, день добрый,
до свиданья — вернее, здравствуй.
И не жалеть вопросов на каждый ответ,
если речь там о жизни —
вернее, грозе пред затишьем).

## SŁUCHAWKA

Śni mi się, że się budzę,
bo słyszę telefon.

Śni mi się pewność,
że dzwoni do mnie umarły.

Śni mi się, że wyciągam rękę
po słuchawkę.

Tylko że ta słuchawka
nie taka jak była,
stała się ciężka,
jakby do czegoś przywarła,
w coś wrosła,
coś oplotła korzeniami.
Musiałabym ją wyrwać
razem z całą Ziemią.

Śni mi się mocowanie moje
nadaremne.

Śni mi się cisza,
bo zamilknął dzwonek.

Śni mi się, że zasypiam
i budzę się znowu.

*2002*

## ТЕЛЕФОННАЯ ТРУБКА

Снится мне: пробуждаюсь
от звонка телефона.

Снится, что верю:
звонит мне умерший.

Снится мне, будто руку тяну
я за трубкой.

Но трубка, однако,
стала другою:
отяжелела,
как пристала к чему-то,
во что-то вросла
и корнями обвила.
Я смогла б её вырвать
вместе с целой Землёю.

Снится мне, что борьба моя
бесполезна.

Снится, что стало тихо —
смолк звонок телефона.

Снится мне: засыпаю
и вновь пробуждаюсь.

### TRZY SŁOWA NAJDZIWNIEJSZE

Kiedy wymawiam słowo Przyszłość,
pierwsza sylaba odchodzi już do przeszłości.

Kiedy wymawiam słowo Cisza,
niszczę ją.

Kiedy wymawiam słowo Nic,
stwarzam coś, co nie mieści się w żadnym niebycie.

*1993*

## ТРИ САМЫХ СТРАННЫХ СЛОВА

Когда я произношу слово «Будущее»,
первый слог отходит в прошлое.

Когда я произношу слово «Тишь»,
я её разрушаю.

Когда я произношу слово «Ничто»,
я создаю нечто, для любой пустоты не годное.

## MILCZENIE ROŚLIN

Jednostronna znajomość między mną a wami
rozwija się nie najgorzej.

Wiem co listek, co płatek, kłos, szyszka, łodyga,
i co się z wami dzieje w kwietniu, a co w grudniu.

Chociaż moja ciekawość jest bez wzajemności,
nad niektórymi schylam się specjalnie,
a ku niektórym z was zadzieram głowę.

Macie u mnie imiona:
klon, łopian, przylaszczka,
wrzos, jałowiec, jemioła, niezapominajka,
a ja u was żadnego.

Podróż nasza jest wspólna.
W czasie wspólnych podróży rozmawia się przecież,
wymienia się uwagi choćby o pogodzie
albo o stacjach mijanych w rozpędzie.

Nie brakłoby tematów, bo łączy nas wiele.
Ta sama gwiazda trzyma nas w zasięgu.
Rzucamy cienie na tych samych prawach.
Próbujemy coś wiedzieć, każde na swój sposób,
a to, czego nie wiemy, to też podobieństwo.

Objaśnię, jak potrafię, tylko zapytajcie:
co to takiego oglądać oczami,
po co serce mi bije
i czemu moje ciało nie zakorzenione.

## МОЛЧАНИЕ РАСТЕНИЙ

Одностороннее наше знакомство
проходит не так уж и плохо.

Я знаю лист, лепесток, шишку, колос и стебель,
и что происходит у вас в декабре, а что в мае.

Хоть моё любопытство отнюдь не взаимно,
я над одними из вас наклоняюсь,
а к некоторым голову задираю.

У меня есть для каждого имя:
перелеска, клён, можжевельник,
вереск, омела, лопух, незабудка,
а у вас для меня никакого.

Мы странствуем вместе.
В совместной дороге говорят ведь обычно,
комментируют что-то — да хоть бы погоду
или станции, быстро мелькающие.

Есть о чём поболтать, ведь у нас много общего.
Мы живём под одним и тем же светилом.
Тени отбрасываем по единым законам.
Что-то мы узнаём, каждый как может,
а то, что не знаем, нас делает схожими.

Объясню как сумею, только спросите:
что означает видеть глазами,
зачем бьётся сердце,
как живёт моё тело, не врастая корнями.

Ale jak odpowiadać na niestawiane pytania,
jeśli w dodatku jest się kimś
tak bardzo dla was nikim.

Porośla, zagajniki, łąki i szuwary —
wszystko, co do was mówię, to monolog,
i nie wy go słuchacie.

Rozmowa z wami konieczna jest i niemożliwa.
Pilna w życiu pośpiesznym
i odłożona na nigdy.

*1995*

Но как отвечать, коль вопросы не заданы,
если к тому же ты некто,
кто для вас совершенно никто.

Камыши и поляны, лишайники, рощи —
это к вам обращён монолог мой,
но не вы его слушаете.

Говорить с вами нужно — и невозможно.
В суетной жизни беседа
откладывается навсегда.

## MAŁA DZIEWCZYNKA ŚCIĄGA OBRUS

Od ponad roku jest się na tym świecie,
a na tym świecie nie wszystko zbadane
i wzięte pod kontrolę.

Teraz w próbach są rzeczy,
które same nie mogą się ruszać.

Trzeba im w tym pomagać,
przesuwać, popychać,
brać z miejsca i przenosić.

Nie każde tego chcą, na przykład szafa,
kredens, nieustępliwe ściany, stół.

Ale już obrus na upartym stole
—jeżeli dobrze chwycony za brzegi—
objawia chęć do jazdy.

A na obrusie szklanki, talerzyki,
dzbanuszek z mlekiem, łyżeczki, miseczka
aż trzęsą się z ochoty.
Bardzo ciekawe,
jaki ruch wybiorą,
kiedy się już zachwieją na krawędzi:
wędrówkę po suficie?
lot dokoła lampy?
skok na parapet okna, a stamtąd na drzewo?

Pan Newton nie ma jeszcze nic do tego.
Niech sobie patrzy z nieba i wymachuje rękami.

Ta próba dokonana być musi.
I będzie.

*2001*

## Малышка стаскивает скатерть

Целый год она в этом мире,
и не всё в этом мире изучено
и не всё под контролем.

Испытать бы те вещи,
которые двигаться сами не могут.

Надо как-то помочь им:
толкнуть, передвинуть,
носить с места на место.

Но шкаф, например, такого не хочет,
стены упрямятся, стол и буфет.

Скатерть, однако, совсем не упряма
(особенно если умело ухватишь)
и прокатиться готова.

А на скатерти чашки, тарелки,
кувшинчик со сливками, чайные ложки
скачут — так невтерпёж им.
Интересно,
что они выберут,
уже качаясь на самом краешке:
прогулку по потолку?
полёт вокруг лампы?
прыжок на карниз, а с карниза на ветку?

Сэр Ньютон знать ничего не знает.
Пусть смотрит с неба и машет руками.

Это должно быть проверено точно.
И будет.

## ZE WSPOMNIEŃ

Gawędziliśmy sobie,
zamilkliśmy nagle.
Na taras weszła dziewczyna,
ach, piękna,
zanadto piękna
jak na nasz spokojny tutaj pobyt.

Basia zerknęła w popłochu na męża.
Krystyna odruchowo położyła dłoń
na dłoni Zbyszka.
Ja pomyślałam: zadzwonię do ciebie,
jeszcze na razie — powiem — nie przyjeżdżaj,
zapowiadają właśnie kilkudniowe deszcze.

Tylko Agnieszka, wdowa,
powitała piękną uśmiechem.

*2002*

## Из воспоминаний

Мы спокойно болтали
и смолкли внезапно.
На балкон вышла девушка —
ох, и красива!
Слишком красива
для нашего мирного пребывания.

Бася в испуге взглянула на мужа.
Кристина накрыла рукой
руку Збышка.
Я решила: тебе позвоню-ка
ещё раз — скажу, что ехать не надо,
обещают дожди на несколько суток.

Только Агнешка, вдова,
с улыбкой кивнула красотке.

## Kałuża

Dobrze z dzieciństwa pamiętam ten lęk.
Omijałam kałuże,
zwłaszcza te świeże, po deszczu.
Któraś z nich przecież mogła nie mieć dna,
choć wyglądała jak inne.

Stąpnę i nagle zapadnę się cała,
zacznę wzlatywać w dół
i jeszcze głębiej w dół,
w kierunku chmur odbitych
a może i dalej.

Potem kałuża wyschnie,
zamknie się nade mną,
a ja na zawsze zatrzaśnięta — gdzie —
z niedoniesionym na powierzchnię krzykiem.

Dopiero później przyszło zrozumienie:
nie wszystkie złe przygody
mieszczą się w regułach świata
i nawet gdyby chciały,
nie mogą się zdarzyć.

*2002*

## Лужа

С детства запомнился мне этот страх.
Лужи я обходила,
от дождя совсем свежие.
Но одна ведь могла оказаться без дна,
хоть они все похожи.

Ступлю — и вдруг провалюсь с головою,
начну взмывать вниз,
всё ниже и ниже,
в сторону туч отражённых,
а может, и дальше.

Потом высохнет лужа,
надо мною сомкнётся,
а я навсегда захлопнута — где —
с криком, не вырвавшимся на поверхность.

Только позднее пришло понимание:
не все злоключения
входят в миропорядок
и даже если б хотели,
свершиться не могут.

## Trochę o duszy

Duszę się miewa.
Nikt nie ma jej bez przerwy
i na zawsze.

Dzień za dniem,
rok za rokiem
może bez niej minąć.

Czasem tylko w zachwytach
i lękach dzieciństwa
zagnieżdża się na dłużej.
Czasem tylko w zdziwieniu,
że jesteśmy starzy.

Rzadko nam asystuje
podczas zajęć żmudnych,
jak przesuwanie mebli,
dźwiganie walizek
czy przemierzanie drogi w ciasnych butach.

Przy wypełnianiu ankiet
i siekaniu mięsa
z reguły ma wychodne.

Na tysiąc naszych rozmów
uczestniczy w jednej,
a i to niekoniecznie,
bo woli milczenie.

Kiedy ciało zaczyna nas boleć i boleć,
cichcem schodzi z dyżuru.

## НЕМНОГО О ДУШЕ

Душа — да, бывает.
Не так чтоб постоянно
или навечно.

День за днём,
год за годом
без неё могут минуть.

Иногда лишь в восторге
и детских кошмарах
угнездится подольше.
Иногда в изумленье,
что мы уже стары.

Она редко поможет
в трудоёмких заботах:
передвинуть ли мебель,
поднять чемоданы
иль отправиться в путь в тесных туфлях;

ни анкеты заполнить,
ни сделать котлеты –
здесь она отдыхает.

В одном разговоре на тыщу
поучаствует с нами,
и то не бесспорно,
выбирая молчание.

Когда боль начинает терзать наше тело,
она тихо уходит.

Jest wybredna:
niechętnie widzi nas w tłumie,
mierzi ją nasza walka o byle przewagę
i terkot interesów.

Radość i smutek
to nie są dla niej dwa różne uczucia.
Tylko w ich połączeniu
jest przy nas obecna.

Możemy na nią liczyć,
kiedy niczego nie jesteśmy pewni,
a wszystkiego ciekawi.

Z przedmiotów materialnych
lubi zegary z wahadłem
i lustra, które pracują gorliwie,
nawet gdy nikt nie patrzy.

Nie mówi skąd przybywa
i kiedy znowu nam zniknie,
ale wyraźnie czeka na takie pytania.

Wygląda na to,
że tak jak ona nam,
również i my
jesteśmy jej na coś potrzebni.

*2000*

Она прихотлива:
не любит, когда мы толпимся
и спорим о прежних заслугах,
и трещим деловито.

Радость и печаль
для неё равноценны;
только в их сочетанье
она с нами пребудет.

Она помогает,
когда мы ни в чём не уверены,
а нам всё интересно.

Из материальных предметов
любит часы с маятником
и зеркала, бдительно зрящие,
даже когда в них не смотрят.

Не говорит, откуда явилась
и когда нас опять оставит,
но явно ждёт подобных вопросов.

Похоже на то,
что не только она нам,
но и мы сами
зачем-то нужны ей.

## W PARKU

—Ojej—dziwi się chłopczyk—
a kto to ta pani?

—To pomnik Miłosierdzia,
czy czegoś takiego—
odpowiada mama.

—A dlaczego ta pani
taka po...o...o... poobijana?

—Nie wiem, odkąd pamiętam,
zawsze taka była.
Miasto powinno coś z tym w końcu zrobić.
Albo wyrzucić gdzieś, albo odnowić.
No, już już, chodźmy dalej.

*2001*

## В ПАРКЕ

— Ой, — удивляется мальчик, —
а кто эта тётя?

— Статуя Милосердия
или что-то такое, —
отвечает мама.

— А почему эта тётя
такая по… побитая?

— Не знаю; сколько я помню,
была такой вечно.
Город с ней должен уже что-то сделать:
обновить иль отправить на свалку.
Ну-ну, хватит, пошли уж.

## FOTOGRAFIA Z 11 WRZEŚNIA

Skoczyli z płonących pięter w dół—
jeden, dwóch, jeszcze kilku
wyżej, niżej.

Fotografia powstrzymała ich przy życiu,
a teraz przechowuje
nad ziemią ku ziemi.

Każdy to jeszcze całość
z osobistą twarzą
i krwią dobrze ukrytą.

Jest dosyć czasu,
żeby rozwiały się włosy,
a z kieszeni wypadły
klucze, drobne pieniądze.

Są ciągle jeszcze w zasięgu powietrza,
w obrębie miejsc,
które się właśnie otwarły.

Tylko dwie rzeczy mogę dla nich zrobić—
opisać ten lot
i nie dodawać ostatniego zdania.

*2001*

## ФОТОГРАФИЯ ОТ 11 СЕНТЯБРЯ

С пылающих этажей они прыгали вниз:
один, два, ещё несколько —
выше, ниже.

Фотография их задержала живыми,
а сейчас сохраняет
над землёй — до земли.

Каждый здесь — невредим,
со своими чертами
и кровью, надёжно укрытой.

Времени хватит,
чтобы волосы взвились,
а из кармана выпали
ключи, бумажник и мелочь.

Они всё ещё в воздушном просторе,
в границах мест,
только что открытых.

Я только два дела могу для них сделать —
описать тот полёт
и не добавить последнюю фразу.

## NOTATKA

Życie—jedyny sposób,
żeby obrastać liśćmi,
łapać oddech na piasku,
wzlatywać na skrzydłach;

być psem,
albo głaskać go po ciepłej sierści;

odróżniać ból
od wszystkiego, co nim nie jest;

mieścić się w wydarzeniach,
podziewać w widokach,
poszukiwać najmniejszej między omyłkami.

Wyjątkowa okazja,
żeby przez chwilę pamiętać,
o czym się rozmawiało
przy zgaszonej lampie;

i żeby raz przynajmniej
potknąć się o kamień,
zmoknąć na którymś deszczu,
zgubić klucze w trawie;
i wodzić wzrokiem za iskrą na wietrze;

i bez ustanku czegoś ważnego
nie wiedzieć.

*2001*

## ЗАМЕТКА

Жизнь — единственный способ
отрастить себе листья,
на песке отдышаться,
взвиться на крыльях;

быть псом
или тёплую шерсть его гладить;

боль отличать
от всего, что не боль;

быть в гуще событий,
ходить на спектакли,
искать мельчайшую средь ошибок.

Исключительный случай
на мгновение вспомнить,
о чём говорилось
при погашенном свете;

и хотя бы однажды
споткнуться о камень,
промокнуть под ливнем,
ключ в траве обронить,
и взглядом следить за искрой летящей;

и важное что-то всё время
не знать.

## WSZYSTKO

Wszystko —
słowo bezczelne i nadęte pychą.
Powinno być pisane w cudzysłowie.
Udaje, że niczego nie pomija,
że skupia, obejmuje, zawiera i ma.
A tymczasem jest tylko
strzępkiem zawieruchy.

*2002*

# Всё

Всё —
слово наглое и напыщенное.
Его на письме надо ставить в кавычки.
Притворяется, что ничего не упустит,
всем владеет, содержит в себе и объемлет.
Между тем это просто
клочок беспорядка.

## Nieobecność

Niewiele brakowało,
a moja matka mogłaby poślubić
pana Zbigniewa B. ze Zduńskiej Woli.
I gdyby mieli córkę—nie ja bym nią była.
Może z lepszą pamięcią do imion i twarzy,
i każdej usłyszanej tylko raz melodii.
Bez błędu poznającą, który ptak jest który.
Ze świetnymi stopniami z fizyki i chemii,
i gorszymi z polskiego,
ale w skrytości pisującą wiersze
od razu dużo ciekawsze od moich.

Niewiele brakowało,
a mój ojciec mógłby w tym samym czasie poślubić
pannę Jadwigę R. z Zakopanego.
I gdyby mieli córkę—nie ja bym nią była.
Może bardziej upartą w stawianiu na swoim.
Bez lęku wskakującą do głębokiej wody.
Skłonną do ulegania emocjom zbiorowym.
Bezustannie widzianą w kilku miejscach naraz,
ale rzadko nad książką, częściej na podwórku,
jak kopie piłkę razem z chłopakami.

Może by obie spotkały się nawet
w tej samej szkole i tej samej klasie.
Ale żadna z nich para,
żadne pokrewieństwo,
a na grupowym zdjęciu daleko od siebie.

## Отсутствие

Ещё бы немножко —
и моя мама могла выйти замуж
за пана Збигнева Б. из Здуньской Воли.
Их дочкой была бы не я, а другая,
и намного лучше бы помнила лица,
имена и мелодии, раз услышанные.
Безошибочно знала бы птиц по названиям,
с отличными отметками по физике, химии,
а по польскому хуже,
но потихоньку стихи бы писала
намного оригинальней моих.

Ещё бы немножко —
и в это же время мог мой папа жениться
на пани Ядвиге Р. из Закопане.
Их дочкой была бы не я, а другая —
намного упрямей на своём бы стояла,
бесстрашно ныряла в глубокую воду
и была бы душой коллектива
одновременно в нескольких разных местах;
но чаще б гоняла с мальчишками мячик
во дворе, чем сидела над книжкой.

Может, они повстречались бы даже
в одной школе и в одном классе —
не в паре друг с дружкой,
без родственных связей,
далеко друг от друга на общем снимке.

Dziewczynki, stańcie tutaj
— wołałby fotograf –
te niższe z przodu, te wyższe za nimi.
I ładnie się uśmiechnąć, kiedy zrobię znak.
Tylko jeszcze policzcie,
czy jesteście wszystkie?

— Tak, proszę pana, wszystkie.

*2005*

— Девочки, встаньте сюда вот, —
попросил бы фотограф, —
Те, что ниже — вперёд, что выше, за ними.
И когда я кивну, широко улыбнитесь.
Только пересчитайте:
все ли вы тут собрались?

— Да, мы все тут, конечно.

# ABC

Nigdy już się nie dowiem,
co myślał o mnie A.
Czy B. do końca mi nie wybaczyła.
Dlaczego C. udawał, że wszystko w porządku.
Jaki był udział D. w milczeniu E.
Czego F. oczekiwał, jeśli oczekiwał.
Czemu G. udawała, choć dobrze wiedziała.
Co H. miał do ukrycia.
Co I. chciała dodać.
Czy fakt, że byłam obok,
miał jakiekolwiek znaczenie
dla J., dla K. i reszty alfabetu.

*2004*

## АЗБУКА

Я уже не узнаю,
что А. обо мне думал.
И до конца ли меня Б. простила.
Зачем В. притворялся, что всё в порядке.
Как участвовал Г. в молчании Д.
Чего Е. ожидал, если он ожидал.
Зачем Ё. притворялась, хоть знала прекрасно.
Что утаивал Ж.
Что З. хотела добавить.
И имело ль значение
то, что я была рядом,
для И., и для Й., и оставшихся букв.

## Perspektywa

Minęli się jak obcy,
bez gestu i słowa,
ona w drodze do sklepu,
on do samochodu.

Może w popłochu
albo roztargnieniu,
albo niepamiętaniu,
że przez krótki czas
kochali się na zawsze.

Nie ma zresztą gwarancji,
że to byli oni.
Może z daleka tak,
a z bliska wcale.

Zobaczyłam ich z okna,
a kto patrzy z góry,
ten najłatwiej się myli.

Ona zniknęła za szklanymi drzwiami,
on siadł za kierownicą
i szybko odjechał.
Czyli nic się nie stało,
nawet jeśli stało.

A ja, tylko przez moment
pewna, co widziałam,
próbuję teraz w przygodnym wierszyku
wmawiać Wam, Czytelnikom,
że to było smutne.

## ПЕРСПЕКТИВА

Прошли, как чужие,
без жеста и слова —
она шла в магазин,
он к автомобилю.

Может быть, в спешке,
или рассеянно,
или просто не помня,
что недавно любили
друг друга навечно.

Впрочем, где тут гарантия,
что они это были.
Может, лишь издалёка,
а близко — нисколько.

Из окна я их видела,
а кто смотрит сверху,
тот легко ошибётся.

Она скрылась за дверью стеклянной,
он сел в машину
и быстро отъехал.
Ничего не случилось,
даже если случилось.

А я, на секунду
в это поверив,
пытаюсь стишком подходящим
убедить вас, читателей,
что это печально.

## TUTAJ

Nie wiem jak gdzie,
ale tutaj na Ziemi jest sporo wszystkiego.
Tutaj wytwarza się krzesła i smutki,
nożyczki, skrzypce, czułość, tranzystory,
zapory wodne, żarty, filiżanki.

Może gdzie indziej jest wszystkiego więcej,
tylko z pewnych powodów brak tam malowideł,
kineskopów, pierogów, chusteczek do łez.

Jest tutaj co niemiara miejsc z okolicami.
Niektóre możesz specjalnie polubić,
nazwać je po swojemu
i chronić od złego.

Może gdzie indziej są miejsca podobne,
jednak nikt nie uważa ich za piękne.

Może jak nigdzie, albo mało gdzie,
masz tu osobny tułów,
a z nim potrzebne przybory,
żeby do dzieci cudzych dodać własne.
Poza tym ręce, nogi i zdumioną głowę.

Niewiedza tutaj jest zapracowana,
ciągle coś liczy, porównuje, mierzy,
wyciąga z tego wnioski i pierwiastki.

Wiem, wiem, co myślisz.
Nic tutaj trwałego,
bo od zawsze na zawsze we władzy żywiołów.
Ale zauważ — żywioły męczą się łatwo
i muszą czasem długo odpoczywać
do następnego razu.

## ЗДЕСЬ

Не знаю как где,
но здесь, на Земле, есть всего много.
Здесь делают стулья и неприятности,
ножницы, скрипки, транзисторы, нежность,
анекдоты, чашки, плотины.

Может, где-то ещё есть всего больше,
но почему-то картин не хватает,
платков носовых, кинескопов, пельменей.

Здесь сколько угодно славных местечек.
В них можно влюбиться,
сменить им названья,
беречь и лелеять.

Может, где-то ещё есть места вроде этих,
однако никто не призна́ет их прелесть.

Может, тут как нигде (или почти что)
у тебя необычное тело,
а с ним в комплекте приборы,
чтобы своих к чужим детям добавить;
руки и ноги, и лицо удивлённое.

Невежество здесь постоянно в работе:
считая, уравнивая, измеряя,
связывает концы и начала.

Знаю, знаю, о чём ты.
Здесь нет постоянства,
ибо всем, от и до, управляют стихии.
Но заметь, что они утомляются быстро
и делать должны иногда передышку,
чтоб опять возродиться.

I wiem, co myślisz jeszcze.
Wojny, wojny, wojny.
Jednak i między nimi zdarzają się przerwy.
Baczność—ludzie są źli.
Spocznij—ludzie są dobrzy.
Na baczność produkuje się pustkowia.
Na spocznij w pocie czoła buduje się domy
i prędko się w nich mieszka.

Życie na ziemi wypada dość tanio.
Za sny na przykład nie płacisz tu grosza.
Za złudzenia—dopiero kiedy utracone.
Za posiadanie ciała—tylko ciałem.

I jakby tego było jeszcze mało,
kręcisz się bez biletu w karuzeli planet,
a razem z nią, na gapę, w zamieci galaktyk,
przez czasy tak zawrotne,
ze nic tutaj na Ziemi nawet drgnąć nie zdąży.

No bo przyjrzyj się dobrze:
stół stoi, gdzie stał,
na stole kartka, tak jak położona,
przez uchylone okno podmuch tylko powietrza,
a w ścianach żadnych przeraźliwych szczelin,
którymi by donikąd cię wywiało.

И о чём ты ещё, тоже знаю.
Войны, войны, войны.
Но между ними бывают затишья.
Смирно! — люди злые.
Вольно! — люди добрые.
Стойка «смирно» пустоши множит.
Стойка «вольно» усердно дома воздвигает
и обживает их быстро.

Жизнь на земле довольна дешёвая:
за сны, например, ни гроша тут не платишь,
за иллюзии — только когда их теряешь,
за обладание телом — лишь телом.

И словно этого ещё мало,
крутишься «зайцем» в планет карусели,
а заодно и в метели галактик,
сквозь такую времён круговерть,
что здесь, на Земле, ничто и не вздрогнет.

Присмотритесь хорошенько:
стол стоит, где стоял,
листок на столе лежит, как положен,
в открытом окне дуновение ветра,
а на стенах нет пугающих трещин,
в которые вас в никуда унесло бы.

## Rozwód

Dla dzieci pierwszy w życiu koniec świata.
Dla kotka nowy Pan.
Dla pieska nowa Pani.
Dla mebli schody, łomot, wóz i przewóz.
Dla ścian jasne kwadraty po zdjętych obrazach.
Dla sąsiadów z parteru temat, przerwa w nudzie.
Dla samochodu lepiej gdyby były dwa.
Dla powieści, poezji—zgoda, bierz co chcesz.
Gorzej z encyklopedią i sprzętem wideo,
no i z tym poradnikiem poprawnej pisowni,
gdzie chyba są wskazówki w kwestii dwojga imion—
czy jeszcze łączyć je spójnikiem „i",
czy już rozdzielać kropką.

## Развод

Для детей конец света, первый в их жизни.
Для кошки новый хозяин.
Для пса новая хозяйка.
Для мебели лестница, стук, перевозка.
Для стен светлые пятна от снятых картин.
Для соседей живая беседа, не скучно.
Для машины — вторая б весьма пригодилась.
Для поэзии, прозы — бери что захочешь.
С энциклопедией и плейером хуже,
как и со справочником по правописанию,
где есть целый параграф, как быть с именами:
то ли связывать их ещё союзом «и»,
то ли уже разделять точкой.

### Vermeer

Dopóki ta kobieta z Rijksmuseum
w namalowanej ciszy i skupieniu
mleko z dzbanka do miski
dzień po dniu przelewa,
nie zasługuje Świat
na koniec świata.

## ВЕРМЕЕР

Пока эта женщина из Rijksmuseum
в написанной тиши и спокойствии
день за днём переливает
молоко из кувшина в миску,
не заслуживает Свет
конца света.

## SĄ TACY, KTÓRZY

Są tacy, którzy sprawniej wykonują życie.
Mają w sobie i wokół siebie porządek.
Na wszystko sposób i słuszną odpowiedź.

Odgadują od razu, kto kogo, kto z kim,
w jakim celu, którędy.

Przybijają pieczątki do jedynych prawd,
wrzucają do niszczarek fakty niepotrzebne,
a osoby nieznane
do z góry przeznaczonych im segregatorów.

Myślą tyle, co warto,
ani chwili dłużej,
bo za tą chwilą czai się wątpliwość.

A kiedy z bytu dostaną zwolnienie,
opuszczają placówkę
wskazanymi drzwiami.

Czasami im zazdroszczę —
na szczęście to mija.

*2010*

## Есть такие...

Есть такие, кто жизнь проживает разумней.
У них и внутри, и снаружи порядок.
Они всё умеют и знают как надо.

Они вмиг отгадают, кто кого и кто с кем,
и зачем, как конкретно.

Крепят ярлыки для единственных истин,
отправляют в помойку ненужные факты,
незнакомых людей —
по папкам, для них предназначенным.

Думают, сколько надо,
и ни минутой дольше:
думать дольше чревато сомненьем.

А когда обретают свободу от жизни,
свой пост покидают
предназначенной дверью.

Я иногда им завидую —
к счастью, это проходит.

### Każdemu kiedyś

Każdemu kiedyś ktoś bliski umiera,
między być albo nie być
zmuszony wybrać to drugie.

Ciężko nam uznać, że to fakt banalny,
włączony w bieg wydarzeń,
zgodny z procedurą;

prędzej czy później na porządku dziennym,
wieczornym, nocnym czy bladym porannym;

i oczywisty jak hasło w indeksie,
jak paragraf w kodeksie,
jak pierwsza lepsza
data w kalendarzu.

Ale takie jest prawo i lewo natury.
Taki, na chybił trafił, jej omen i amen.
Taka jej ewidencja i omnipotencja.

I tylko czasem
drobna uprzejmość z jej strony—
naszych bliskich umarłych
wrzuca nam do snu.

## У КАЖДОГО ХОТЬ РАЗ…

Хоть раз кто-то близкий у нас умирает,
между быть иль не быть
должен выбрать второе.

Нам трудно принять, что это банальность,
всего лишь звено в цепочке событий,
согласно протоколу;

раньше иль позже в привычной рутине,
вечером, ночью, на бледном рассвете;

как чёрным по белому строчка из списка,
как буква закона,
как первый попавшийся
день календарный.

Такая уж правда и кривда природы.
Такой — наугад — её омен и аминь,
Реестр учёта её и всесильность.

И лишь иногда
она явит нам скромную милость —
наших близких умерших
нам в сон посылает.

## DŁOŃ

Dwadzieścia siedem kości,
trzydzieści pięć mięśni,
około dwóch tysięcy komórek nerwowych
w każdej opuszce naszych pięciu palców.
To zupełnie wystarczy,
żeby napisać *Mein Kampf*
albo *Chatkę Puchatka.*

*2011*

# Рука

Двадцать семь костей,
тридцать пять мышц,
почти две тысячи нервных клеток
на подушечке каждого из пяти наших пальцев.
Этого вполне хватит,
чтобы написать «*Mein Kampf*»
или «*Винни-Пуха*».

## ZMIANA WIZERUNKU

Czas jako starzec długobrody, siwy?
A może jako bure, rozbiegane szczenię,
co brudnymi łapkami wskakuje na pościel
nam, dopiero co zrodzonym, przebudzonym?

*2004*

## Изменение образа

Время — как старец седой, бородатый?
А может, щенок, бестолковый и глупый,
что в кровать прыгает грязными лапками
к нам, едва родившимся и разбуженным?

## GDYBY

Gdyby rzeczy mówiły —
ale gdyby mówiły, mogłyby i kłamać.
Zwłaszcza te zwykłe i mało cenione,
żeby wreszcie zwrócić na siebie uwagę.

Groza pomyśleć,
co by mi powiedział twój urwany guzik,
a tobie — klucz do moich drzwi,
stary mitoman.

*2007*

## Если бы

Если вещи бы говорили,
то и соврать могли бы.
Особенно самые обиходные,
чтоб их наконец заметили.

Страшно подумать,
что пуговица мне б твоя рассказала,
а тебе — ключ мой,
старый сплетник.

# О ПЕРЕВОДЧИКЕ

 **ЕЛЕНА КАТИШОНОК** родилась и до 1991 года жила в Риге. Окончила филологический факультет Латвийского университета.

Живёт в Бостоне, преподаёт русский язык, занимается редакторской работой, переводами. Дебютировала сборником стихов «Блокнот» в 2005 году.

Е. Катишонок — автор шести романов, трёх сборников стихов и сборника малой прозы. Финалист литературной премии Русский Букер (2009). Лауреат премии Ясная Поляна (2011).

В 2023 её переводы с польского поэзии Виславы Шимборской удостоились премии имени Эрнеста Хемингуэя (литературный журнал «Новый свет», Канада).

www.ingramcontent.com/pod-product-compliance
Lightning Source LLC
Chambersburg PA
CBHW071712120626
46550CB00001B/195